INTELIGÊNCIA INSTITUCIONAL PARA O CONTROLE DA ADMINISTRAÇÃO PÚBLICA BRASILEIRA

Reinventando o combate à corrupção e estimulando a eficiência dos governos

JOSÉ INALDO DE OLIVEIRA E SILVA
RÔMULO PAULO CORDÃO

Prefácios
Olavo Rebelo de Carvalho Filho
Marco Aurélio Adão
Leonel Alves de Melo

INTELIGÊNCIA INSTITUCIONAL PARA O CONTROLE DA ADMINISTRAÇÃO PÚBLICA BRASILEIRA

Reinventando o combate à corrupção e estimulando a eficiência dos governos

Belo Horizonte

2022

© 2022 Editora Fórum Ltda.

É proibida a reprodução total ou parcial desta obra, por qualquer meio eletrônico, inclusive por processos xerográficos, sem autorização expressa do Editor.

Conselho Editorial

Adilson Abreu Dallari	Floriano de Azevedo Marques Neto
Alécia Paolucci Nogueira Bicalho	Gustavo Justino de Oliveira
Alexandre Coutinho Pagliarini	Inês Virgínia Prado Soares
André Ramos Tavares	Jorge Ulisses Jacoby Fernandes
Carlos Ayres Britto	Juarez Freitas
Carlos Mário da Silva Velloso	Luciano Ferraz
Cármen Lúcia Antunes Rocha	Lúcio Delfino
Cesar Augusto Guimarães Pereira	Marcia Carla Pereira Ribeiro
Clovis Beznos	Márcio Cammarosano
Cristiana Fortini	Marcos Ehrhardt Jr.
Dinorá Adelaide Musetti Grotti	Maria Sylvia Zanella Di Pietro
Diogo de Figueiredo Moreira Neto (in memoriam)	Ney José de Freitas
Egon Bockmann Moreira	Oswaldo Othon de Pontes Saraiva Filho
Emerson Gabardo	Paulo Modesto
Fabrício Motta	Romeu Felipe Bacellar Filho
Fernando Rossi	Sérgio Guerra
Flávio Henrique Unes Pereira	Walber de Moura Agra

FÓRUM
CONHECIMENTO JURÍDICO

Luís Cláudio Rodrigues Ferreira
Presidente e Editor

Coordenação editorial: Leonardo Eustáquio Siqueira Araújo
Aline Sobreira de Oliveira
Sugestão de capa: Yuri Cavalcante de Araújo
Colaboração com as figuras: Antônio Carlos Machado
Colaboração com a revisão do conteúdo: Andréa Paiva, João Luís Júnior e Luís Batista Júnior,
todos auditores de controle externo do Tribunal de Contas do Estado do Piauí.

Av. Afonso Pena, 2770 – 15º andar – Savassi – CEP 30130-012
Belo Horizonte – Minas Gerais – Tel.: (31) 2121.4900 / 2121.4949
www.editoraforum.com.br – editoraforum@editoraforum.com.br

Técnica. Empenho. Zelo. Esses foram alguns dos cuidados aplicados na edição desta obra. No entanto, podem ocorrer erros de impressão, digitação ou mesmo restar alguma dúvida conceitual. Caso se constate algo assim, solicitamos a gentileza de nos comunicar através do e-mail editorial@editoraforum.com.br para que possamos esclarecer, no que couber. A sua contribuição é muito importante para mantermos a excelência editorial. A Editora Fórum agradece a sua contribuição.

Dados Internacionais de Catalogação na Publicação (CIP) de acordo com a AACR2

S586i	Silva, José Inaldo de Oliveira e
	Inteligência institucional para o controle da Administração Pública brasileira: reinventando o combate à corrupção e estimulando a eficiência dos governos / José Inaldo de Oliveira e Silva, Rômulo Paulo Cordão. – Belo Horizonte : Fórum, 2022.
	156 p. : il. ; 14,5cm x 21,5cm.
	Inclui bibliografia.
	ISBN: 978-65-5518-305-4
	1. Direito. 2. Direito Administrativo. 3. Direito Constitucional. 4. Direito Público. 5. Direito Financeiro. 6. Direito Penal. 7. Direito Processual Civil. 8. Direito Processual Penal. I. Título.
2021-4144	
	CDD: 341.3
	CDU: 342.9

Elaborado por Vagner Rodolfo da Silva – CRB-8/9410

Informação bibliográfica deste livro, conforme a NBR 6023:2018 da Associação Brasileira de Normas Técnicas (ABNT):

SILVA, José Inaldo de Oliveira; CORDÃO, Rômulo Paulo. *Inteligência institucional para o controle da Administração Pública brasileira*: reinventando o combate à corrupção e estimulando a eficiência dos governos. Belo Horizonte: Fórum, 2022. 156 p. ISBN 978-65-5518-305-4.

AGRADECIMENTOS

Às pessoas que me ajudaram e estimularam a desenvolver este livro, desde o propósito de escrevê-lo, estando sempre a meu lado para somar. Em particular, à minha família pela paciência... generosa paciência; à minha esposa, Maria Inês, pelas cobranças e incentivo, por sempre acreditar que eu seria em tudo capaz; ao meu amigo e companheiro Mário Normando, pelo exemplo de integridade e comprometimento profissional; aos meus companheiros próximos – Breno, David, Eudo, Fames, Hamifrancy, João Luís e Lineu – com o sentimento de um por todos e todos por um; e à instituição Tribunal de Contas, pelos afazeres e conhecimentos proporcionados. Finalmente, à Rede de Controle da Gestão Pública do Piauí, pelo trabalho que promove.

José Inaldo

Agradeço aos meus avós José Pereira Cordão e Júlia Bila da Silva por terem me conferido princípios éticos que norteariam toda a minha existência até o presente. Aos meus pais, Inaciolina e Joaquim Cordão, pelos sacrifícios para me proporcionarem uma educação sólida, com amor e sabedoria. Aos meus irmãos, Rêmulo e Rimesson, pelo convívio desde a infância, que acabou por lapidar meu caráter. A Giordano, Júlia, Sofia e Rômulo Filho, minhas inspirações diuturnas, os quais, pacientemente, sempre entenderam os momentos subtraídos do convívio familiar para dedicar-me ao trabalho. À minha esposa e companheira, Hulda Mara, que sempre me ombreou em todos os momentos difíceis da Vida, reforçando-me a esperança e a fé na Humanidade. Por fim, a todos os colegas de missão do Ministério Público do Piauí, em especial a Sinobillino, Luana, Silas, Galeno, Ana Isabel e Cláudia Seabra, os quais, junto a mim no GAECO, foram uma fortaleza encorajadora na luta intransigente por Justiça.

Através do amigo e coautor José Inaldo, um ícone reconhecido Brasil afora pela luta por probidade na gestão pública, agradeço a todas as instituições, homens e mulheres que fazem parte da Rede de Controle do Piauí.

Finalmente, a todos os servidores do GAECO/PI, pelo apoio incondicional e relevante em todos os momentos em que convivemos.

Rômulo Cordão

SUMÁRIO

PREFÁCIO
Olavo Rebelo de Carvalho Filho 11

PREFÁCIO
Marco Aurélio Adão 13

PREFÁCIO
Leonel Alves de Melo 15

APRESENTAÇÃO 17

CAPÍTULO 1
SINOPSE SOBRE A DOUTRINA DA INTELIGÊNCIA NO BRASIL 19
1.1   Aspectos gerais 19
1.2   Doutrina nacional da atividade de inteligência: pontos
          importantes 24

CAPÍTULO 2
A INTELIGÊNCIA INSTITUCIONAL PARA O CONTROLE DA
ADMINISTRAÇÃO PÚBLICA 33
2.1   Entendendo a inteligência institucional 34
2.2   A inteligência no âmbito dos Tribunais de Contas 36
2.3   A inteligência patrocinada pela CGU 42
2.4   A inteligência nos Ministérios Públicos 43
2.5   A inteligência das polícias judiciárias e ostensivas 45
2.5.1   A inteligência das polícias judiciárias 45
2.5.2   A inteligência das polícias ostensivas 47
2.6   A inteligência inserta no controle social 49

CAPÍTULO 3
A CORRUPÇÃO NO BRASIL 51
          Introdução 51

3.1	O Índice de Percepção da Corrupção	53
3.2	A corrupção do Brasil e dos brasileiros	55
3.3	Organizações criminosas na dimensão pública da corrupção	58
3.4	Corrupção e lavagem de dinheiro: a importância desse nó	60
3.5	Mecanismos anticorrupção	62
3.5.1	Estratégia Nacional de Combate à Corrupção e à Lavagem de Dinheiro (ENCCLA)	64

CAPÍTULO 4
O CONTROLE DA ADMINISTRAÇÃO PÚBLICA NO BRASIL — 67

CAPÍTULO 5
CONTROLES: MODELOS MAIS ADEQUADOS, APLICAÇÕES MAIS INTELIGENTES — 75

5.1	O que efetivamente importa no controle	76
5.2	Participação cidadã no controle da Administração Pública	78
5.3	Controles mais adequados	79
5.4	Controle da Administração Pública: aplicações "inteligentes"	82

CAPÍTULO 6
O CONTROLE FUNDADO NA INTELIGÊNCIA INSTITUCIONAL: INTEGRAÇÃO, COOPERAÇÃO E INTERDEPENDÊNCIA DE PAPÉIS — 87

CAPÍTULO 7
REFAZENDO O MODO DE SE ENFRENTAR A CORRUPÇÃO — 97

| 7.1 | O enfrentamento à corrupção pública | 98 |
| 7.2 | O enfrentamento à corrupção nas suas dimensões cultural, ética e comportamental | 102 |

CAPÍTULO 8
A REVOLUÇÃO DA EFICIÊNCIA: PROJETO PARA UM PAÍS MELHOR — 107

CAPÍTULO 9
ATUAÇÃO EM REDE NA REPRESSÃO À CORRUPÇÃO NO ESTADO DO PIAUÍ — 111

9.1	Considerações iniciais	111
9.2	A legitimidade investigativa do Ministério Público	114
9.3	Planejamento e estruturação da investigação ministerial – fazendo na prática	116

9.3.1	Delimitação do objeto investigativo	116
9.3.2	Busca de dados e informações em fontes abertas, tratamento dos dados e descarte de hipóteses	117
9.3.3	Do sigilo da investigação: acesso dos advogados e investigados	120
9.3.4	Busca do dado negado e análise	121
9.3.5	Separação de alvos da investigação em núcleos	122
9.3.6	Busca, apreensão e cadeia de custódia	124
9.3.7	Busca conjunta	125
9.3.8	*Briefing* e buscas	128
9.3.9	Análises pós-operação: pontos importantes	128
9.3.10	Facilitando a análise do contexto probatório para o magistrado	130
9.4	A Operação Escamoteamento – apertada síntese	131
9.5	A Operação *Il Capo* – apertada síntese	135
9.6	Nova lei de licitações: inovações importantes para a repressão à corrupção	145
9.7	A investigação patrimonial como corolário obrigatório da investigação criminal	146
REFERÊNCIAS		151

Escuta-se com frequência que bons livros não necessitam de prefácio, da impressão de quem quer que seja, pois suas áureas se bastam. Autor, título, editora e organização espelham seu espírito.

Talvez seja até verdade, mas é sempre bom ouvir a riqueza interior de estimados amigos.

PREFÁCIO

A motivação para escreverem suas experiências não podia ser melhor: nasceu da própria vivência no desempenho de seus deveres como servidores públicos, imbuídos do desejo de contribuir com a sociedade no combate à corrupção encravada em todos os rincões de nosso país. Temos, como resultado, um livro rico em informações práticas, indispensáveis aos que vivenciam a luta por um melhor controle da Administração Pública, mas também, ao mesmo tempo, um trabalho amparado em métodos, inteligência e conhecimentos estratégicos.

Ressaltem-se as proposições contidas no capítulo 6, que norteiam, com fundamento na Constituição Federal, uma visão sistêmica imprescindível para o controle da Administração Pública no Brasil, com maior participação da sociedade e a atuação conjunta dos diversos órgãos institucionais de controle.

Saio da leitura do livro *Inteligência institucional para o controle da Administração Pública brasileira: reinventando o combate a corrupção e estimulando a eficiência dos governos*, da lavra dos combatentes e estudiosos autores Jose Inaldo de Oliveira e Silva e Romulo Paulo Cordão, ciente e consciente de que será, sem a menor dúvida, um instrumento valioso para os que estão com o firme propósito de levar a Administração Pública a uma situação de normalidade, como é de se esperar de uma sociedade elevada, afastando os que a depreciam.

Olavo Rebelo de Carvalho Filho
Conselheiro do Tribunal de Contas do Estado do Piauí.

PREFÁCIO

Este livro consegue ser, ao mesmo tempo, uma obra acadêmica bem estruturada e um manual prático verdadeiramente útil para o desenho do combate à corrupção no Brasil. Além disso, é o testemunho concreto de destacado e eficaz trabalho realizado há vários anos por agentes públicos notáveis, os autores José Inaldo de Oliveira e Silva, Auditor de Controle Externo do Tribunal de Contas do Estado do Piauí, e Rômulo Paulo Cordão, Promotor de Justiça do Estado do Piauí.

Trata-se, portanto, de uma obra escrita por quem não só estudou, mas, também, testou e executou na prática, com importante sucesso, os ensinamentos, teorias e conceitos expostos aos leitores. Tudo isso baseado na ideia de cooperação institucional, que os autores fomentaram e promoveram no Estado do Piauí, tendo como resultados as diversas operações exitosas expostas neste livro.

Nessa esteira, uma das ideias centrais do trabalho, que perpassa todos os seus capítulos (e culmina no capítulo 6), é a importância da cooperação das instituições públicas para o combate à corrupção. A construção (e é sempre uma construção...) de um Estado Democrático de Direito exige organização e eficiência no combate à corrupção. Respeitadas as balizas constitucionais, é dever de um Estado Democrático de Direito se estruturar e se organizar para um eficiente combate à corrupção, pois a prevalência desta, a corrupção, constitui ameaça às funções do Estado, ao império da lei e à democracia. E estruturar e organizar o combate à corrupção é fundamentalmente viabilizar a efetiva cooperação das instituições responsáveis pela aplicação da lei. Não por acaso o Tratado de Mérida (Convenção das Nações Unidas contra a Corrupção), internalizado no Brasil pelo Decreto nº 5.867/2006, preconiza a cooperação institucional como instrumento indispensável para o combate à corrupção (artigos 36, 37 e 38). José Inaldo de Oliveira e Silva e Rômulo Paulo Cordão são agentes públicos que conseguiram realizar essa cooperação institucional com sólida fundamentação jurídica e ótima eficiência prática. O seu livro, assim, espelha essa experiência e indica os caminhos para o seu aprimoramento.

Esta obra, portanto, pela condição ímpar dos seus autores, consegue dar ao leitor uma perspectiva concreta de como deve ser estruturado e executado o combate à corrupção em cooperação institucional, expondo os fundamentos teóricos necessários e mecanismos práticos para o desempenho dessa missão tão difícil quanto essencial. Além de um exercício intelectual rigoroso, cuida-se de um roteiro de quem já trilhou com sucesso esse caminho, com transpiração e inspiração.

Marco Aurélio Adão
Procurador da República (PR-PI)

PREFÁCIO

Primeiramente, cabe destacar que esta obra foi escrita por dois autores com os quais tive a honra de trabalhar e que conhecem muito bem o assunto tratado, tanto no que tange ao seu estudo quanto à sua vivência prática, exercendo seu trabalho com muita competência e dedicação, imbuídos da crença de que suas atividades têm um propósito e que ambos, incluindo as instituições em que atuam, podem contribuir para a melhoria da sociedade, especialmente por intermédio de um trabalho que envolva uma efetiva cooperação institucional.

Dito isso, este livro trata desde aspectos teóricos quanto práticos das atividades de inteligência, notadamente aquelas aplicadas ao controle na Administração Pública, com enfoque na importância de se produzirem informações qualificadas, de forma célere e oportuna, preferencialmente de forma a se prevenir que atos de corrupção sejam praticados e que venham a lesar os cofres públicos, sem prejuízo de essas informações contribuírem para a punição dos envolvidos em todas as esferas cabíveis.

Para tanto, como bem demonstram os autores, é preciso que os profissionais e instituições que atuam nesse ramo possam superar os desafios e todos os obstáculos que vão surgindo nessa árdua, porém honrosa, missão de se prevenir e combater a corrupção na Administração Pública. A transposição dessas barreiras exige cada vez mais, como retratado neste livro, o desenvolvimento de técnicas e a utilização de ferramentas inovadoras (especialmente aquelas relacionadas à mineração e à análise dos abundantes dados e informações disponíveis ou buscados), mas também exige, sobretudo, a cooperação entre as pessoas e as instituições públicas e privadas envolvidas, aspecto fundamental e tão bem explorado nesta obra.

Essa cooperação exige se despir de vaidades pessoais e institucionais e, mais importante ainda, exige confiança entre os envolvidos e mãos à obra, características tão bem presentes nos autores deste livro. Nesse sentido, destaco a abordagem nua e crua constante no final desta obra a respeito de alguns dos trabalhos conjuntos desenvolvidos entre as instituições de controle e de defesa do Estado em solo piauiense (em especial no âmbito da Rede de Controle da Gestão Pública no Estado do Piauí), que, além de servir como uma espécie de guia operacional para quem atua na área, também apresenta de forma sincera e lúcida alguns dos artifícios utilizados por quem está "do outro lado do balcão". Precisamos entender que do lado da corrupção se encontram pessoas que não atuam dentro das regras do jogo: não estão sujeitas a leis, normas ou procedimentos, não se limitam a jornadas de trabalho e nem possuem limitações orçamentárias, diferentemente do que ocorre com quem está na Administração Pública trabalhando para evitar que essas pessoas atuem. Somente trabalhando em cooperação, repisa-se, os profissionais e instituições públicas envolvidos poderão reduzir essa vantagem desleal exercida pelos adversários.

Por fim, esta obra não esquece de lembrar que, mesmo com essa cooperação institucional, não haverá sucesso no enfrentamento à corrupção sem a participação da sociedade: seja através do voto, do controle social ou mesmo das pequenas mudanças de atitude no nosso dia a dia e daqueles com quem convivemos. Já está mais do que na hora de sermos, juntos, protagonistas de uma grande mudança no enfrentamento da corrupção que possa contribuir para o nosso desenvolvimento como nação, o que este livro tão bem descreve como plenamente possível, apontando alguns dos caminhos a serem seguidos.

Leonel Alves de Melo
Auditor Federal de Finanças e Controle da
Controladoria-Geral da União (CGU)

APRESENTAÇÃO

O que se oferta neste livro é a oportuna adequação no modo de se promover o controle da Administração Pública no Brasil, reinventando-se o enfrentamento à corrupção e estimulando a eficiência dos governos e gestores públicos no cumprimento dos seus compromissos com o bem comum. É o fruto do trabalho de colegas ligados ao controle externo – servidores do Tribunal de Contas do Estado do Piauí e do Ministério Público Estadual – que creem e têm a esperança de que o que escreveram pode mudar para a melhor a vida das pessoas. O tema não foi escolhido sem reflexão, numa perspectiva de importância dada apenas pelos autores, ultrapassada pelo tempo e sem espaço para a motivação, mas antes carrega um sentimento de responsabilidade e dever capaz de mobilizar as melhores energias das instituições e das pessoas em permanente luta contra os "sanguessugas do Brasil". Ao defender a cooperação, integração e interdependência dos papéis institucionais em favor do controle expresso na Constituição, um modelo sistêmico de controle da Administração Pública, argumenta-se que nenhum esforço será excessivo ou exagerado em razão do propósito coletivo do trabalho, todos fazendo mais, melhor e gastando menos em favor do país. Fazer a coisa certa em busca de esperança para todos que aspiram a liberdade, a fraternidade e a igualdade, um Brasil melhor e mais justo, significa promover e cultivar o espírito das leis, especialmente o da Constituição, resistindo e irresignando-se com virtude e justiça.

Nos capítulos 1 e 2, trata-se da inteligência e da gestão estratégica de dados e informações para a produção do melhor conhecimento, especialmente o institucional, enfatizando-se a inteligência organiza-cional no âmbito do controle externo com os Tribunais de Contas, no controle interno com a Controladoria-Geral da União, nos ministérios públicos, nas policias judiciais e ostensivas e até mesmo inserta no controle social. Aborda-se, ainda, o uso de informações e conhecimentos estratégicos para conferir maior efetividade ao exercício do controle, em particular para auxiliar as ações de detecção, prevenção e correção do uso indevido de recursos públicos.

No capítulo 3, se apresenta a problemática da corrupção no Brasil, discorrendo sobre definições importantes para o entendimento da complexidade inerente ao tema e procurando ressaltar dados que demonstram o seu impacto negativo na economia brasileira, nas organizações, nas políticas públicas e na vida das pessoas. Chama-se, ainda, atenção para a necessidade de políticas públicas e movimentos nacionais anticorrupção, destacando-se o trabalho da ENCCLA, Estratégia Nacional de Combate à Corrupção e Lavagem de Dinheiro.

Nos capítulos 4 e 5, se discutem modelos de controle da Administração Pública do Brasil e espalhados pelo mundo, com ênfase naqueles que se poderia ter como mais eficientes. Em particular, trata-se do modelo brasileiro, mas com sua concepção atual, pouco sistêmica.

O capítulo 6 é um dos mais importantes, pois apresenta uma visão sistêmica para o controle da Administração Pública no Brasil, com fundamento na Constituição Federal, considerando-se Federação e as autonomias dos entes federados, mas fortemente enraizado no interesse público, no controle social e no fortalecimento das instituições. Nesse sentido, defendem-se a maior participação da sociedade e a atuação conjunta dos diversos órgãos institucionais de controle, com cooperação, integração e interdependência dos papéis republicanos. No âmbito de cada órgão de controle, defende-se a consolidação da inteligência organizacional e das expertises dos seus servidores e membros, com a valorização da criatividade e engenhosidade das pessoas para que estas possam fazer a diferença e contribuir para o constante aperfeiçoamento de todos e do todo. Cada órgão de controle, cada um de seus servidores e membros, deve ser essencialmente exponencial.

Os capítulos 7 e 8 trazem as necessárias complementações do capítulo 6, apontando-se o novo modelo de se enfrentar a corrupção – com ênfase em prevenção, combate e repressão – com compartilhamento, num controle sistêmico, de dados, informações, conhecimentos e aplicativos cívicos para a promoção de melhores resultados; destacam a efetivação da transparência pública e do controle social como instrumento do melhor controle e de enfrentamento da corrupção; e ressaltam, conjuntamente, que os menores efeitos da corrupção implicam mais recursos disponíveis para políticas públicas concebidas com a participação popular em benefício de todos. Destacam, ainda, o cultivo de valores institucionais para *compliance*, valorizando contratações públicas essenciais, econômicas e efetivas.

O capítulo 9 traz exemplos da atuação em rede de diversos órgãos de controle no Estado do Piauí, que, embora reconhecidamente precisem de avanços, por si fazem a defesa de tudo que este livro propõe.

CAPÍTULO 1

SINOPSE SOBRE A DOUTRINA DA INTELIGÊNCIA NO BRASIL

1.1 Aspectos gerais

Associadas ao desenvolvimento humano, admite-se que atividades de inteligência remontam a tempos primitivos, quando habilidades de ocultação eram empregadas por caçadores em suas buscas constantes por alimento e sobrevivência.[1] Com o aparecimento dos grupamentos humanos e o surgimento de organizações políticas, essas atividades foram aperfeiçoadas e se soergueram com função informacional, especialmente relacionadas às áreas da economia, guerra, diplomacia e polícia,[2] não muito raras empregadas sem fiel observância às Constituições e às leis. Hoje, como suporte do Estado de Direito, são instrumentos de assessoria governamental que contribuem para planejamento, execução e acompanhamento de políticas públicas, visando à segurança do próprio Estado e ao bem-estar da sociedade.

Inserido nesse contexto histórico, o Brasil, ainda no estágio colonial, apresentava atividade de inteligência caracterizada em ações do intendente-geral da polícia e motivada pelo acompanhamento constante de possíveis invasores estrangeiros, especialmente os franceses. A vinda da família real incrementou a função informacional dos agentes

---

[1] BRASIL. Agência Brasileira de Inteligência. *Atividade de inteligência no Brasil*. Brasília: Gráfica ABIN, 2020. 5 v. Registro na página 209, onde se menciona o livro *The art of tracking: the origin of science* de Louis Liebenberg.

[2] BRASIL. Agência Brasileira de Inteligência. *Atividade de inteligência no Brasil*. Brasília: Gráfica ABIN, 2020. 5 v. Registro na página 209, para o qual cita o texto "Sistemas nacionais de inteligência: origens, lógica de expansão e configuração atual" de Marco Cepik, publicado na *Revista DADOS – Revista de Ciências Sociais*, Rio de Janeiro, v. 46, n. 1, 2003.

postos a seus serviços.[3] Entretanto, o marco nacional da atividade de inteligência deu-se na República com a criação do Conselho de Defesa Nacional (CDN), órgão diretamente subordinado ao Presidente da República e constituído por todos os Ministros de Estado e os Chefes dos Estados-Maiores da Marinha e do Exército, o qual teve como objetivo inicial o controle dos opositores ao regime então vigente. Após, seguiram-se as seguintes estruturas: (1) 1937 – Conselho de Segurança Nacional; (2) Regulamento para Salvaguarda das Informações de Interesse da Segurança Nacional; (3) 1956 a 1964 – Serviço Federal de Informações e Contra-Informação (SFICI); (4) 1964 a 1985 – Serviço Nacional de Informações (SNI); (5) 1967 – Centro de Informações do Exército (CIEx); (6) 1990 a 1992 – Departamento de Inteligência; (7) 1992 a 1999 – Subsecretaria de Inteligência; a partir de dezembro de 1999, inserida num Sistema Nacional de Inteligência, a Agência Brasileira de Inteligência (ABIN).[4]

Por sua própria natureza, atividades de inteligência são exigentes na racionalidade e eficácia e implicaram uma doutrina específica, singular, no nosso país: a doutrina nacional da atividade de inteligência, que formulou princípios, conceitos, normas, métodos, processos e valores como pressupostos práticos, os quais aqui, à frente, pretende-se resumir.

a) O Sistema Brasileiro de Inteligência (SISBIN)

Em 7 de dezembro de 1999, por meio da Lei nº 9.883/99, foi instituído o Sistema Brasileiro de Inteligência (SISBIN); nele, a condução da política nacional de inteligência, fixada pelo Presidente da República, foi delegada à Agência Brasileira de Inteligência (ABIN), com encargo de planejar, executar, coordenar, supervisionar e controlar as atividades de inteligência do país. Sua supervisão se dá pela Câmara de Relações Exteriores e Defesa Nacional do Conselho de Governo, e o controle e a fiscalização externos da atividade de inteligência são exercidos pelo Poder Legislativo, como bem leciona a legislação nacional vigente.[5]

Na operacionalização desse modelo nacional, chama-se atenção ao fato de que nem todos os integrantes do Sistema são órgãos de inteligência, sendo sua composição variável e determinada por imposições

---

[3] BRASIL. Agência Brasileira de Inteligência. *Atividade de inteligência no Brasil*. Brasília: Gráfica ABIN, 2020. 5 v. Consoante o contexto da página 210.

[4] BRASIL. Agência Brasileira de Inteligência. *Atividade de inteligência no Brasil*. Brasília: Gráfica ABIN, 2020. 5 v. Consoante o contexto abordado nas páginas 213 a 216.

[5] BRASIL. *Lei nº 9.883, de 7 de dezembro de 1999*. Institui o Sistema Brasileiro de Inteligência, cria a Agência Brasileira de Inteligência – Abin, e dá outras providências. Brasília, DF: 1999.

conjunturais, podendo até mesmo dele compor Tribunais de Contas. Oportunamente, esclarece-se que a inclusão de órgão independente ou de outro poder carece de acordo de cooperação técnica com a ABIN a fim de que objetivos comuns sejam adequadamente delineados. Portanto, o SISBIN opera mediante articulação coordenada dos órgãos que o constituem, respeitada a autonomia funcional de cada um e observadas as normas legais pertinentes a segurança, sigilo profissional e salvaguarda de assuntos sigilosos. Em seu funcionamento, cada órgão deve produzir conhecimentos, planejar e executar ações relativas a obtenção, integração e intercâmbio de dados e conhecimentos. Isso considerado, a integração e a cooperação são, evidentemente, essenciais ao sistema.

Atualmente, o SISBIN possui 48 órgãos federais integrantes, cuja evolução ocorreu na conformidade das Figuras 1 e 2 a seguir apresentadas (retiradas do *site* eletrônico da ABIN).[6]

Figura 1 – Órgãos federais integrantes do SISBIN a partir do Decreto nº 4.376/02 até a presente data

Fonte: ABIN (BRASIL, 2021, *on-line*).

---

[6] Retirado a partir de ABIN – AGÊNCIA BRASILEIRA DE INTELIGÊNCIA. *Site* institucional. 2021. Disponível em: https://www.gov.br/abin/pt-br. Acesso em: 14 nov. 2021.

Figura 2 – Órgãos federais atualmente integrantes do SISBIN
(Decreto nº 4.376/02, alterado pelo Decreto nº 10.759/21)

Fonte: ABIN (BRASIL, 2021, *on-line*).

A ABIN é o órgão central do Sistema e deve estabelecer as necessidades de conhecimentos a serem produzidos pelos demais órgãos, coordenar a obtenção de dados e a produção de conhecimentos, promover a necessária interação, desenvolver recursos humanos e tecnológicos e a doutrina de inteligência, e representar o SISBIN perante o órgão de controle externo da atividade de inteligência. No entanto, deve-se saber que o Sistema Nacional tem ainda dois subsistemas independentes: o Subsistema de Inteligência de Segurança Pública (SISP), que tem como órgão central a Secretaria Nacional de Segurança Pública do Ministério da Justiça; o Subsistema de Inteligência de Defesa (SINDE), com autonomia em matéria de atividade de inteligência operacional necessária ao planejamento e à condução de campanhas e operações militares das Forças Armadas no interesse da defesa nacional. Os dois subsistemas possuem doutrinas mais específicas, intrínsecas na doutrina nacional.[7]

Deve-se destacar também que, em observância ao cenário internacional de crescimento das organizações criminosas transnacionais e do fortalecimento do terrorismo, a partir do ano de 1998, foi instituído no Brasil pela Lei nº 9.613 um órgão nacional de inteligência financeira, o Conselho de Controle de Atividades Financeiras (COAF), para promover a proteção dos setores econômicos contra a lavagem de dinheiro e o financiamento do terrorismo. Na prática, esse órgão teria a missão preponderante de examinar e identificar ocorrências suspeitas de atividade ilícita e comunicar (de ofício ou por solicitação) às autoridades competentes para instauração de procedimentos. Deveria, ainda, coordenar a troca de informações para viabilizar ações rápidas e eficientes no combate à ocultação ou dissimulação de bens, direitos e valores. Portanto, mesmo integrante do Sistema desde o decreto inicial, é merecedor aqui deste apontamento, especialmente em face dos recentes acontecimentos apontados na mídia nacional e da disputa legislativa para que o COAF passasse a fazer parte do Ministério da Justiça e Segurança Pública, pois bem retrata a importância desse órgão para a produção de informações estratégicas no combate à corrupção, lavagem de dinheiro, enfrentamento de organizações criminosas e no combate ao terrorismo.[8]

Neste trabalho, não se detalharão os subsistemas de inteligência e nem a atuação específica do COAF, a unidade de inteligência financeira brasileira, criada pela Lei nº 9.613, de 3 de março de 1998, e reestruturada pela Lei nº 13.974, de 7 de janeiro de 2020, que vinculou aquele administrativamente ao Banco Central do Brasil.[9]

Outra importante referência do sistema nacional de inteligência é seu Conselho Consultivo (Consisbin), mesmo como instância meramente

---

[7]   BRASIL. Agência Brasileira de Inteligência. *Atividade de inteligência no Brasil*. Brasília: Gráfica ABIN, 2020. 5 v. Consoante o contexto da página 279.

[8]   Contextualizado conforme as Leis nºs 9.613, de 3 de março de 1998, e 13.974, de 7 de janeiro de 2020. Pode-se saber mais sobre a Unidade de Inteligência Financeira Brasileira: COAF – CONSELHO DE CONTROLE DE ATIVIDADES FINANCEIRAS. *Site* institucional. 2021. Disponível em: https://www.gov.br/coaf/pt-br. Acesso em: 14 nov. 2021.

[9]   Contextualizado conforme as Leis nºs 9.613, de 3 de março de 1998, e 13.974, de 7 de janeiro de 2020. Pode-se saber mais sobre a Unidade de Inteligência Financeira Brasileira: COAF – CONSELHO DE CONTROLE DE ATIVIDADES FINANCEIRAS. *Site* institucional. 2021. Disponível em: https://www.gov.br/coaf/pt-br. Acesso em: 14 nov. 2021.

opinativa (não deliberativa), pois se destina à proposição de normas e procedimentos, à criação e extinção de grupos de trabalho e a outras medidas congêneres em favor de todo o sistema nacional. A amplitude de sua competência está disposta no art. 7º do Decreto nº 9.881, de 27 de junho de 2019, que, no artigo seguinte, apresenta os órgãos que o compõem. Cuida-se, aqui, em destacar que é nessa instância que se opina sobre propostas de integração de novos órgãos e entidades ao SISBIN.[10]

No âmbito do sistema apresentado, inteligência é a atividade de obtenção e análise de dados e informações e de produção e difusão de conhecimentos, dentro e fora do território nacional, relativos a fatos e situações de imediata ou potencial influência sobre o processo decisório, ação governamental, salvaguarda e segurança da sociedade e do Estado.

b) O perfil do profissional de inteligência

É notadamente racional que o perfil exigido do profissional de inteligência seja incomum, com um *plus* além de competência, habilidade e atitude, exigindo-se outras virtudes norteadoras de seu comportamento regular que expressem confiança e responsabilidade. Na sua vida pessoal, há de se observar condutas espelhadas no exemplo, adequadas e assecuratórias dos direitos e garantias fundamentais.

Tecnicamente, além da vocação para a atividade, terá de "possuir perfil profissiográfico pré-estabelecido, vida pregressa compatível com essa atividade singular, observados os atributos, dentre outros, da voluntariedade, da ética e da moral, focados na lealdade, integridade, discrição e profissionalismo (capacidade de trabalho, dedicação, responsabilidade e cooperação)".[11]

1.2 Doutrina nacional da atividade de inteligência: pontos importantes

Seria um erro primário se acreditar discorrer sobre a doutrina nacional da atividade de inteligência num único tópico de um livro, ou até mesmo em apenas um livro, pois as diversas abordagens de especialistas e a complexidade singular da temática tomam essa doutrina nas próprias mãos, num saber próprio.

---

[10] BRASIL. Agência Brasileira de Inteligência. *Atividade de inteligência no Brasil*. Brasília: Gráfica ABIN, 2020. 5 v. Consoante o contexto da página 221.

[11] Definição consoante as diretrizes para a seleção de profissionais de inteligência do Subsistema de Segurança Pública Brasileira de acordo com a segurança orgânica baseada na doutrina nacional de inteligência.

Portanto, aqui se tem a intenção de apenas introduzir seu conteúdo, buscando promover e estimular a defesa de sua razão de ser um aparato de assessoria governamental que contribui para o planejamento, execução e acompanhamento de políticas públicas, visando à segurança do próprio Estado e ao bem-estar da sociedade.

Para tanto, fez-se uso, especial e resumidamente, dos fundamentos da doutrina nacional da atividade de inteligência retratados em publicação da ABIN em 2016, que integra publicação desse órgão sobre a atividade de inteligência disponibilizada em outubro de 2020, constantes nas referências deste livro.

Inicia-se sustentando que tudo que não combina com a doutrina nacional da atividade de inteligência é a pecha de "arapongagem" ou a de usurpação de direitos fundamentais por políticas de Estado de Exceção.

Então, já na oportunidade, cuida-se em ressaltar a importância da ética inerente à atividade de inteligência, pois esta requer que seu produto seja direcionado exclusivamente ao Estado e "apenas para propósitos legitimados democraticamente". Ademais, exercer e defender procedimentos éticos significa defender a própria dignidade do profissional de inteligência, que se pressupõe habilitado com grande senso de responsabilidade coletiva associada a elevados padrões de competência técnica e ao compromisso de se atender a interesses sociais sempre relevantes (BRASIL – ABIN, 2020).[12]

Não se trata aqui de simples defesa argumentativa da doutrina que rege a atividade de inteligência, mas, antes, de informar que ela compreende um conjunto de valores, princípios, conceitos, normas, métodos e procedimentos, alicerçado na racionalidade e na eficiência, e fundamentada na tradição da atividade de inteligência ocidental, na teoria do conhecimento e na metodologia científica. Na prática, tem como características ser normativa, sistematizadora, uniformizadora, unificadora e, ao mesmo tempo, adaptável (BRASIL – ABIN, 2020).[13]

A sua disseminação objetiva a formação de pessoal competente e o desempenho adequado da atividade.

---

[12] BRASIL. Agência Brasileira de Inteligência. *Atividade de inteligência no Brasil*. Brasília: Gráfica ABIN, 2020. 5 v. Consoante o contexto dos fundamentos doutrinários da atividade de inteligência – páginas 204 a 276.

[13] BRASIL. Agência Brasileira de Inteligência. *Atividade de inteligência no Brasil*. Brasília: Gráfica ABIN, 2020. 5 v. Consoante o contexto dos fundamentos doutrinários da atividade de inteligência – páginas 204 a 276.

As atividades de inteligência em si seguem orientadas por dois grandes ramos – o da inteligência propriamente dita e o da contrainteligência –, operacionalizando-se em atividades de análises e segurança, respectivamente. Assim, enquanto o ramo da inteligência trata de produzir e difundir conhecimentos às autoridades competentes, o ramo da contrainteligência trata de prevenir, detectar, obstruir e neutralizar a inteligência adversa a toda e qualquer ação que possa ameaçar a salvaguarda de dados, informações, conhecimentos, pessoas, áreas e instalações de interesse da sociedade e do Estado (BRASIL – ABIN, 2016; Lei nº 9.883/1999).

Em quaisquer desses ramos, no exercício dessas atividades, são princípios basilares os seguintes:[14]

1. *Objetividade*: consiste em planejar e executar ações para atingir objetivos previamente definidos, úteis e perfeitamente sintonizados com a finalidade da atividade.

2. *Segurança*: implica a adoção de medidas de salvaguarda adequadas à produção do conhecimento em todas as suas fases, a cada situação e a cada pessoa envolvida.

3. *Oportunidade*: utilização completa e adequada, o que significa desenvolver ações e apresentar resultados em prazo apropriado para sua utilização.

4. *Controle*: impõe planejamento e consequente supervisão adequada das ações da atividade em cada uma de suas etapas.

5. *Imparcialidade*: consiste em abordar o assunto sem interesses e ideias preconcebidas que possam distorcer os resultados dos trabalhos.

6. *Simplicidade*: implica planejar e executar ações de modo a evitar complexidade, custos e riscos desnecessários.

7. *Amplitude*: consiste em obter os mais completos resultados nos trabalhos desenvolvidos.

8. *Interação*: implica estabelecer e adensar relações de cooperação que possibilitem otimizar esforços para a consecução dos objetivos.

9. *Continuidade*: significa que a necessidade de produção de conhecimento é contínua.

10. *Relevância*: relaciona-se ao conhecimento produzido, que deve ser exatamente aquele necessário aos decisores.

---

[14] BRASIL. Agência Brasileira de Inteligência. *Atividade de inteligência no Brasil*. Brasília: Gráfica ABIN, 2020. 5 v. Consoante o contexto dos fundamentos doutrinários da atividade de inteligência – páginas 204 a 276.

No ramo inteligência, que, como já dito, se especializa na produção de conhecimento, a informação qualificada é tudo, sendo o principal insumo a guiar e pavimentar a tomada de decisão.[15]

Destaca-se que a produção de conhecimento, que é o "negócio" do ramo inteligência, pressupõe prévio amparo metodológico dentro de um ciclo de planejamento estratégico e supervisão (ciclo da inteligência), com o cumprimento das etapas de planejamento, reunião de dados e informações, integração e análise, interpretação e, por fim, formalização e difusão (*vide* Figuras 3 e 4).[16]

Figura 4 – Fases da produção do conhecimento

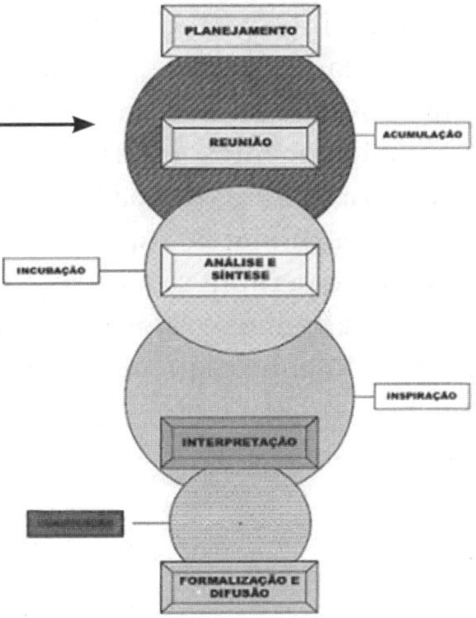

Figura 3 – Ciclo da inteligência

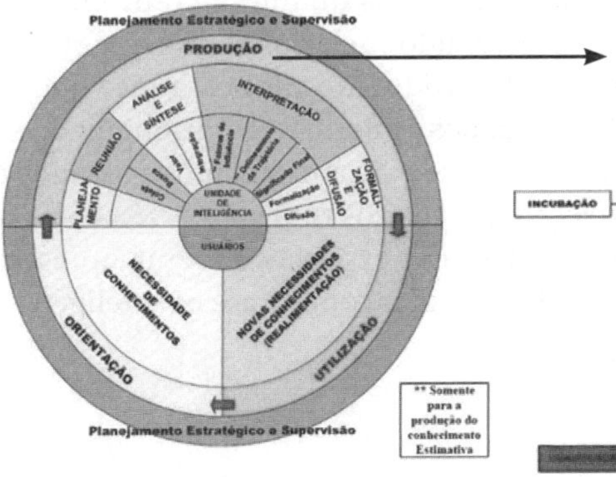

Fonte: ABIN (BRASIL, 2020).

Fonte: ABIN (BRASIL, 2020).

---

[15] BRASIL. Agência Brasileira de Inteligência. *Atividade de inteligência no Brasil*. Brasília: Gráfica ABIN, 2020. 5 v. Consoante o contexto dos fundamentos doutrinários da atividade de inteligência – páginas 204 a 276.

[16] BRASIL. Agência Brasileira de Inteligência. *Atividade de inteligência no Brasil*. Brasília: Gráfica ABIN, 2020. 5 v. Consoante o contexto dos fundamentos doutrinários da atividade de inteligência – páginas 204 a 276.

A fase do planejamento, que é e deve ser sempre a inicial e observar o plano de inteligência (ou eventual orientação específica), materializa-se no estudo preliminar e geral do problema com a sua assimilação política (análise da documentação/demanda), cuidando-se de estabelecer meios e procedimentos necessários ao cumprimento da atribuição da produção do conhecimento requerido.[17]

A fase de reunião consiste no momento da obtenção de dados e informações qualificadas que contribuirão para a produção do conhecimento por todos os meios possíveis, consolidando-se nela a integração e a cooperação com outros órgãos de inteligência e outras instituições. Conceitualmente, observa-se, nesse sentido, que os dados e informações disponíveis são coletados, e os negados são buscados.[18]

Seguindo-se, na fase de análise e síntese (pré-processamento), os dados e informações obtidos são separados e avaliados quanto à pertinência, sendo descartados quando não pertinentes. Em ato contínuo, na fase de interpretação (processamento), os dados e informações já qualificados pertinentes são sopesados quanto à credibilidade (confiabilidade e veracidade do conteúdo), relacionados e integrados com conhecimentos anteriormente produzidos. É nessa fase que se destacam as técnicas de análises de dados e informações, distinguindo-se as civis das militares. Aqui, "elucidam-se acontecimentos passados e presentes, e permite-se a projeção de cenários futuros".[19]

Para melhor compreensão das fases expostas, a seguir, apresenta-se um desenho esquemático das mesmas com ênfase na inteligência civil.[20]

---

[17] BRASIL. Agência Brasileira de Inteligência. *Atividade de inteligência no Brasil*. Brasília: Gráfica ABIN, 2020. 5 v. Consoante o contexto dos fundamentos doutrinários da atividade de inteligência – páginas 204 a 276.

[18] BRASIL. Agência Brasileira de Inteligência. *Atividade de inteligência no Brasil*. Brasília: Gráfica ABIN, 2020. 5 v. Consoante o contexto dos fundamentos doutrinários da atividade de inteligência – páginas 204 a 276.

[19] BRASIL. Agência Brasileira de Inteligência. *Atividade de inteligência no Brasil*. Brasília: Gráfica ABIN, 2020. 5 v. Consoante o contexto dos fundamentos doutrinários da atividade de inteligência – páginas 204 a 276. Valorizaram-se na interpretação os ensinamentos do Auditor Federal de Controle Externo aposentado (TCU) Carlos Takao.

[20] BRASIL. Agência Brasileira de Inteligência. *Atividade de inteligência no Brasil*. Brasília: Gráfica ABIN, 2020. 5 v. Consoante o contexto dos fundamentos doutrinários da atividade de inteligência – páginas 204 a 276. Valorizaram-se na interpretação os ensinamentos do Auditor Federal de Controle Externo aposentado (TCU) Carlos Takao.

SINOPSE SOBRE A DOUTRINA DA INTELIGÊNCIA NO BRASIL | 29

Figura 5 – Fases 1 a 3 da produção do conhecimento

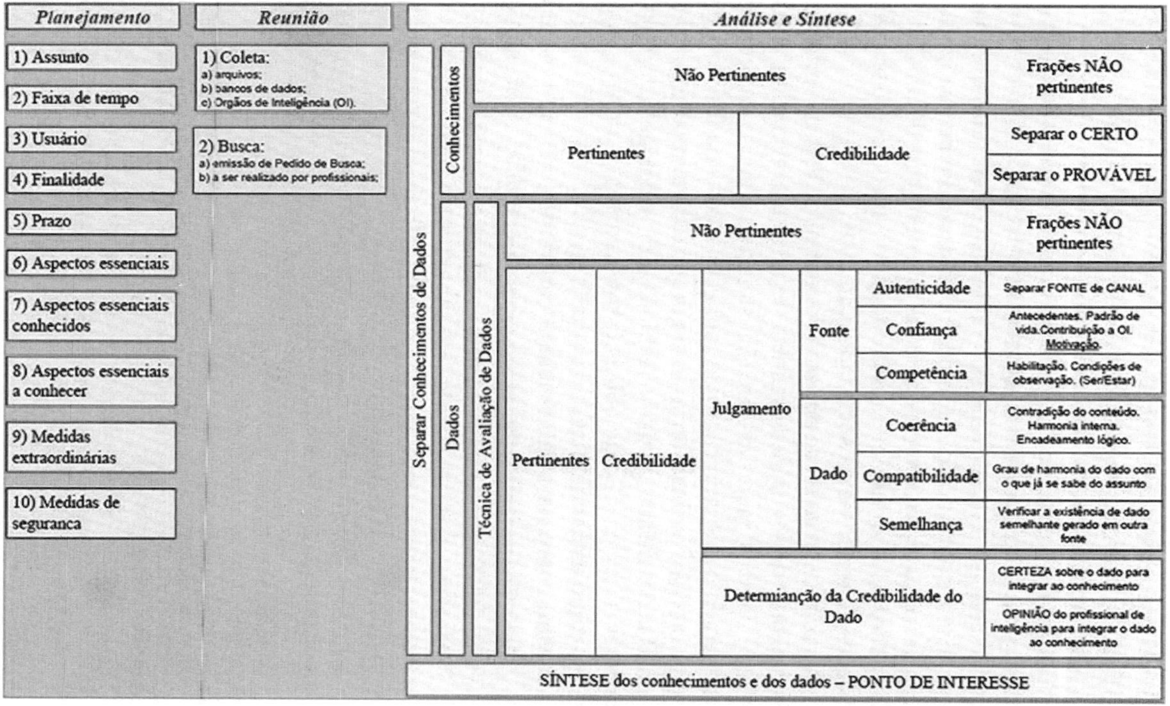

Planejamento

1) Assunto
2) Faixa de tempo
3) Usuário
4) Finalidade
5) Prazo
6) Aspectos essenciais
7) Aspectos essenciais conhecidos
8) Aspectos essenciais a conhecer
9) Medidas extraordinárias
10) Medidas de segurança

Reunião

1) Coleta:
a) arquivos;
b) bancos de dados;
c) Órgãos de Inteligência (OI).

2) Busca:
a) emissão de Pedido de Busca;
b) a ser realizado por profissionais;

Análise e Síntese

Separar Conhecimentos de Dados

Conhecimentos	Pertinentes	Frações NÃO pertinentes
	Não Pertinentes	
Dados	Credibilidade	Separar o CERTO
		Separar o PROVÁVEL
Técnica de Avaliação de Dados	Pertinentes	Frações NÃO pertinentes
	Não Pertinentes	

Pertinentes Credibilidade

Julgamento	Fonte	Autenticidade	Separar FONTE de CANAL
		Confiança	Antecedentes, Padrão de vida, Contribuição a OI. Motivação.
		Competência	Habilitação, Condições de observação. (Ser/Estar)
	Dado	Coerência	Contradição do conteúdo. Harmonia interna. Encadeamento lógico.
		Compatibilidade	Grau de harmonia do dado com o que já se sabe do assunto
		Semelhança	Verificar a existência de dado semelhante gerado em outra fonte

Determinação da Credibilidade do Dado

CERTEZA sobre o dado para integrar ao conhecimento

OPINIÃO do profissional de inteligência para integrar o dado ao conhecimento

SÍNTESE dos conhecimentos e dos dados – PONTO DE INTERESSE

Fonte: ABIN (BRASIL, 2020).

Na fase de formalização e difusão, tem-se o momento da entrega do produto, o conhecimento produzido, à autoridade demandante para sua decisão e ação governamental. Com o cumprimento dessa fase, o ciclo volta ao seu ponto inicial, retroalimentando o ciclo e, assim, permitindo o aperfeiçoamento da atuação da inteligência.[21]

No ramo contrainteligência, que tem como preocupações preponderantes segurança e "proteção de conhecimentos e dados sensíveis de instituições estratégicas e à proteção de infraestruturas críticas nacionais", estruturam-se as "ações especializadas destinadas à prevenção e contraposição (detecção, obstrução e neutralização) à atuação da inteligência adversa e a outras ações que constituam ameaças à salvaguarda de conhecimentos e dados sensíveis, pessoas, áreas e instalações de interesse da sociedade e do Estado".[22]

Na prática, as ações de proteção da contrainteligência agrupam-se nos segmentos de segurança orgânica (relativa à prevenção e à salvaguarda de pessoas, materiais, áreas, instalações e meios de produção, armazenamento e comunicação de conhecimentos e dados, no âmbito do próprio órgão ou instituição) e segurança ativa, relativa à contraposição às ações de antagonismo (espionagem, sabotagem, terrorismo e interferência externa) e de óbices (provocadas por atores e fatores diversos, como as pandemias).

Assim como na inteligência, a contrainteligência possui um ciclo, o ciclo da contrainteligência, que tem cinco fases (observação, orientação, detecção, decisão e ação).[23]

Na fase de observação, busca-se monitorar e identificar "adversários, alvos e focos", sempre com a finalidade de antever eventuais ações ou ocorrências potencialmente adversas.[24]

É na fase de orientação que se oferecem instruções aos responsáveis por potenciais alvos e focos de ameaça para lhes conscientizar

---

[21] BRASIL. Agência Brasileira de Inteligência. *Atividade de inteligência no Brasil*. Brasília: Gráfica ABIN, 2020. 5 v. Consoante o contexto dos fundamentos doutrinários da atividade de inteligência – páginas 204 a 276.

[22] BRASIL. Agência Brasileira de Inteligência. *Atividade de inteligência no Brasil*. Brasília: Gráfica ABIN, 2020. 5 v. Consoante o contexto dos fundamentos doutrinários da atividade de inteligência – páginas 204 a 276.

[23] BRASIL. Agência Brasileira de Inteligência. *Atividade de inteligência no Brasil*. Brasília: Gráfica ABIN, 2020. 5 v. Consoante o contexto dos fundamentos doutrinários da atividade de inteligência – páginas 204 a 276.

[24] BRASIL. Agência Brasileira de Inteligência. *Atividade de inteligência no Brasil*. Brasília: Gráfica ABIN, 2020. 5 v. Consoante o contexto dos fundamentos doutrinários da atividade de inteligência – páginas 204 a 276.

da necessidade de proteção, a fim de evitar ou minimizar os efeitos de eventuais ações adversas.[25]

A fase de detecção se caracteriza pela identificação da "ação danosa, real ou provável, concernente a pessoas, conhecimentos, dados, materiais, equipamentos, áreas, instalações, sistemas ou processos relativos aos alvos e focos em potencial".[26]

Na fase de decisão se define como "proceder para prevenir, obstruir ou neutralizar a ação danosa, real ou provável, fundamentando-se em investigação que considere a natureza, autoria, circunstâncias e potenciais consequências da ação danosa".[27]

A fase da ação, que finaliza e reinicia o ciclo, consiste na adoção de medidas e procedimentos para concretizar o que foi decidido na fase anterior, materializando o verdadeiro papel da contrainteligência.[28]

No âmbito do que já foi exposto, há de se informar que a atividade de inteligência tem várias especializações, podendo ser citadas: Inteligência de Estado; Inteligência Militar; Inteligência Policial; Inteligência Financeira; Inteligência de Controle, que será aqui o nosso foco de interesse.[29]

Destaca-se que muito ainda se poderia discorrer sobre a doutrina da inteligência: operações de inteligência, produção do conhecimento em si e seus diversos tipos, inteligência no ciberespaço e na *dark web*, processos decisórios a partir da atividade de inteligência etc. Entretanto, esse não foi o objetivo pretendido neste item, que quis contextualizar resumidamente o assunto para um perfeito entendimento do conteúdo deste livro, especificamente na valorização da defesa da inteligência institucional para o controle externo da Administração Pública.

---

[25] BRASIL. Agência Brasileira de Inteligência. *Atividade de inteligência no Brasil*. Brasília: Gráfica ABIN, 2020. 5 v. Consoante o contexto dos fundamentos doutrinários da atividade de inteligência – páginas 204 a 276.

[26] BRASIL. Agência Brasileira de Inteligência. *Atividade de inteligência no Brasil*. Brasília: Gráfica ABIN, 2020. 5 v. Consoante o contexto dos fundamentos doutrinários da atividade de inteligência – páginas 204 a 276.

[27] BRASIL. Agência Brasileira de Inteligência. *Atividade de inteligência no Brasil*. Brasília: Gráfica ABIN, 2020. 5 v. Consoante o contexto dos fundamentos doutrinários da atividade de inteligência – páginas 204 a 276.

[28] BRASIL. Agência Brasileira de Inteligência. *Atividade de inteligência no Brasil*. Brasília: Gráfica ABIN, 2020. 5 v. Consoante o contexto dos fundamentos doutrinários da atividade de inteligência – páginas 204 a 276.

[29] BRASIL. Agência Brasileira de Inteligência. *Atividade de inteligência no Brasil*. Brasília: Gráfica ABIN, 2020. 5 v. Consoante o contexto dos fundamentos doutrinários da atividade de inteligência – páginas 204 a 276.

CAPÍTULO 2

A INTELIGÊNCIA INSTITUCIONAL PARA O CONTROLE DA ADMINISTRAÇÃO PÚBLICA

Chegado o tempo no qual a Administração Pública sublevou-se para gerir os bens e interesses qualificados como da comunidade, com o consentimento geral da figura do Estado e de sua importância – segundo preceitos de um ordenamento jurídico regulador dos Poderes e das relações sociais –, esse tempo não mais retroagirá. Há de concluir pela essencialidade do controle sobre toda e qualquer atividade administrativa para o efetivo atendimento do interesse coletivo.[30]

É uma engrenagem necessária à vida em sociedade e que precisa ser sempre revisitada e lubrificada, sem se esquecer de que tudo é pensado, concebido e operado por pessoas humanas. Em operação, a realidade do atendimento ao interesse público carece essencialmente de participação social nas questões governamentais, da transparência pública e do controle social.

Somando-se ao esforço da própria sociedade na participação e no controle das atividades administrativas, por ser para todos e por todos fundamental, as instituições de controle devem se sentir fortalecidas nos seus afazeres, não importando se Controladoria, Tribunal de Contas, Ministério Público ou Polícia, pois estes devem se manifestar de forma integrada e colaborativa. Nesse fortalecimento, no entanto, é premissa se

---

[30] Contexto apresentado agregando-se argumentos defendidos por diversos e conceituados autores que discorreram e discorrem sobre o Direito Administrativo brasileiro, por exemplo, Celso Antônio Bandeira de Melo (BANDEIRA DE MELLO, Celso Antônio. *Curso de direito administrativo*. 33. ed. São Paulo: Malheiros, 2016), Hely Lopes Meirelles (MEIRELLES, Hely Lopes. *Direito administrativo brasileiro*. 34. ed. São Paulo: Malheiros, 2008) e Maria Sylvia Zanella Di Pietro (DI PIETRO, Maria Sylvia Zanella. *Direito administrativo*. 28. ed. São Paulo: Atlas, 2014).

fazer mais, melhor e com menos dispêndios, o que somente se consegue com racionalidade própria da doutrina da inteligência.

Percebe-se que aqui não se defenderá um controle da Administração Pública diverso do que está concebido no ordenamento vigente, mas, sim, sua implementação sistêmica e racional, enxergando-o como um processo contínuo de combate à corrupção, de fiscalização, orientação e correção que um poder, órgão ou autoridade exerce sobre a conduta funcional de outro, impondo o poder-dever de correção dos atos ilegais e, em certa medida, dos inconvenientes e inoportunos.[31]

2.1 Entendendo a inteligência institucional

É inegável que se vive uma nova era, de abundância de dados e informação, com uma sociedade conectada e impregnada de tecnologias digitais e que produz e difunde informações (úteis ou não) para seus mais diferentes grupos. Desenvolveram-se novas culturas e valores, redes sociais interativas estão mais presentes na vida das pessoas, e uma grande maioria de produtos e serviços utilizados na vida diária dos indivíduos incorpora a microeletrônica, os *softwares*, diferentes níveis de automação e nanotecnologias.[32]

Nessa nova ordem, a falta de funcionalidade do aparato estatal e sua deficiente atuação em áreas prioritárias ficaram mais perceptíveis e difundidas, ressaltando um Estado ainda desnorteado sobre seu papel e com governos e gestores despreparados para servir a sociedade. Portanto, estão forçados o Estado como um todo e as instituições em particular a urgentemente se reencontrarem.

Nesse cenário, no cotidiano das organizações e das pessoas, novos termos, como *big data*, *data lake*, inteligência artificial (IA), *machine learning*, *deep learning data & analytics*, *business intelligence*, *surface web* e *deep web/dark web*, dentre outros tantos, passaram a ser comuns e, até certo ponto,

---

[31] Contexto apresentado agregando-se argumentos defendidos por diversos e conceituados autores que discorreram e discorrem sobre o Direito Administrativo brasileiro, por exemplo, Celso Antônio Bandeira de Melo (BANDEIRA DE MELLO, Celso Antônio. *Curso de direito administrativo*. 33. ed. São Paulo: Malheiros, 2016), Hely Lopes Meirelles (MEIRELLES, Hely Lopes. *Direito administrativo brasileiro*. 34. ed. São Paulo: Malheiros, 2008) e Maria Sylvia Zanella Di Pietro (DI PIETRO, Maria Sylvia Zanella. *Direito administrativo*. 28. ed. São Paulo: Atlas, 2014).

[32] A partir de vídeo de Ricardo Guimarães no qual apresenta um contexto atual do mundo (THYMUS – Natura: contexto de mundo. [*S. l.: s. n.*], 2016. 1 vídeo (11 min). Publicado pelo canal Thymus. Disponível em: https://www.youtube.com/watch?v=EdPS5LjT6Ts. Acesso em: 14 nov. 2021).

compreendidos e úteis. Na prática, aplicativos de mobilidade urbana, de acesso a bancos, de conversação e de relacionamentos pessoais são exemplos de utilidade desses conceitos na vida das pessoas, num processo certamente irreversível. Não se pode esquecer, ainda, de que o Facebook, Instagram, WhatsApp, Telegram e, especialmente, o Google tornaram-se ferramentas extremamente úteis às pessoas, a grupos sociais e às organizações.

Para Wesley Vaz, Auditor Federal de Controle Externo do Tribunal de Contas da União, em artigo publicado na rede mundial de computadores no dia 2 de agosto de 2019, "o governo [que funciona] [do futuro] é orientado a dados" e já fortemente defende essa afirmação relembrando que "as corporações que possuem plataformas digitais globais, não por acaso líderes mundiais em valor de mercado, são mais valiosas pelas informações que possuem ou têm a capacidade de produzir do que pelas transações que possibilitam ou intermediam". Em seu texto, que aqui se recomenda a leitura, segue construindo argumentos numa lógica irreparável, do qual se reproduzem as seguintes conclusões:[33]

- "O conhecimento profundo sobre um problema, enriquecido por pontos de vistas diferentes e uso de novas tecnologias, aumenta significativamente as chances de produzir uma inovação que o elimina".

- "As pessoas e instituições precisam ter acesso a dados, ter a capacidade de analisá-los, construir uma estratégia de colaboração e exercitar a humildade de reconhecer que diferentes visões vão gerar percepções melhores e mais equilibradas sobre os problemas".

- "[...] medir a eficiência e efetividade das políticas públicas não é possível sem que as decisões de gestão sejam baseadas em dados".

- "O governo orientado a dados e a gestão de políticas baseadas em evidência são antídotos à tentação de encontrar maneiras mais eficientes, baseadas majoritariamente em opiniões, de

---

[33] Wesley Vaz Silva, Auditor Federal de Controle Externo, atualmente exerce a função de Secretário de Fiscalização de Integridade dos Atos e Pagamentos de Pessoal e Benefícios Sociais do Tribunal de Contas da União. Publica diversos artigos e comentários na rede mundial de computadores, tendo publicado o texto "O governo [que funciona] [do futuro] é orientado a dados" em 2 de agosto de 2019 (VAZ, Wesley. O governo [que funciona] [do futuro] é orientado a dados. 2019. Disponível em: https://wvazmsc.medium.com/o-governo-que-funciona-do-futuro-%C3%A9-orientado-a-dados-84b937514dad. Acesso em: 14 nov. 2021).

manterem os mesmos problemas mal resolvidos de maneiras diferentes".

Aqui também se defendem governos e instituições orientados a dados, que fundamentem seus processos decisórios, suas ações e atividades em informações confiáveis e verificáveis, oriundas das mais diversas fontes, inclusive da participação da sociedade. Destaca-se, no âmbito das instituições, a aplicação de atividades de inteligência para que as mesmas possam fazer mais, melhor, com menos esforço e dispêndios.

Acredita-se que nos governos orientados a dados e informações de inteligência suas instituições e ações sejam exponenciais, transparentes e efetivas em favor do interesse público. Nesse ponto, devem se somar a inteligência propriamente dita, amparada na sua doutrina, e a inteligência de dados, que também orienta na tomada de decisão.

Defende-se a inteligência institucional como um ramo da inteligência clássica e, portanto, fundamentada na doutrina nacional de inteligência, caracterizada pela valorização do conhecimento decorrente dos processos internos de trabalho, sobretudo materializado no capital intelectual humano (*expertises*), operacionalizada por ampla capacidade de processamento de dados e informações e orientada a promover o adequado conhecimento das forças e fraquezas, oportunidades e ameaças, que atuam no cenário do propósito institucional, auxiliando a tomada de decisões estratégicas e operacionais em prol dos melhores resultados para o interesse e a segurança da sociedade.

2.2 A inteligência no âmbito dos Tribunais de Contas

O Sistema Tribunais de Contas tem sido amplamente questionado pela sociedade e posto em dúvidas quanto à sua efetividade, sendo forçoso, como condição de "sobrevivência", seu aprimoramento para potencializar a defesa da lei, da responsabilidade fiscal e do combate à corrupção.

Portanto, vislumbra-se necessário um modelo de fiscalização orientado a dados, em constante e exponencial aperfeiçoamento, capaz de reinventar-se a cada dia, identificar pontos sensíveis a serem vistos com prioridade e de valorizar a regular condução das políticas públicas em favor da coletividade; que seja ágil, atuante na conformidade com os fatos, concomitante, preferencialmente preventivo, mas capaz de combater e reprimir a corrupção com máxima força no limite jurisdicional imposto pela legislação vigente.

Certamente o modelo de fiscalização defendido não é o vigente Brasil afora, que, ao contrário, se expressa de formas diversas nos 33 Tribunais de Contas do país, com uma radiografia preocupante retratada nas avaliações internas de desempenho (Diagnóstico da Avaliação da Qualidade e Agilidade do Controle Externo no âmbito dos Tribunais de Contas). Nessa imagem referida, merecem ser destacadas, embora sejam facilmente perceptíveis, a falta de efetividade em prevenção, combate e repressão à corrupção, a falta de unidade do Sistema Tribunais de Contas e poucas ações de cooperação e integração interinstitucionais.

Ciente desse diagnóstico e da insatisfação da sociedade com os Tribunais de Contas, a Associação dos Membros dos Tribunais de Contas do Brasil (ATRICON) assumiu o louvável propósito de aperfeiçoar o Sistema expedindo diretrizes nacionais orientativas para a condução desse aperfeiçoamento e passou a incentivar e divulgar boas práticas operacionais, o que pode ser visto facilmente no seu *site* na internet (www.atricon.org.br). Os ciclos de avaliações de desempenho passaram a estimular o cumprimento das diretrizes e a motivar novas boas práticas e seus compartilhamentos.

Em 2014, seguindo-se uma dessas diretrizes (*vide* Resolução ATRICON nº 7/2014), todos os Tribunais de Contas do país foram orientados a "ressuscitar" todos os dados disponíveis dos seus jurisdicionados, a governar adequadamente esses dados e, a partir deles, gerir informações estratégicas para a promoção de uma maior efetividade do controle externo. Assim, unidades de informações estratégicas foram implantadas, auditores foram adequadamente treinados, e o uso da tecnologia, técnicas e metodologias passou a contemplar todos os dados disponíveis. A nova ordem passou a ser investigar apenas os fatos mais relevantes e produzir o conhecimento adequado para a excelência do controle externo, incluindo-se com prioridade o aperfeiçoamento da governança e da gestão pública.[34]

No contexto da gestão de dados e informações, como premissa basilar, originaram-se os fundamentos doutrinários para o exercício das atividades de inteligência para o controle externo, mas que ainda

---

[34] ATRICON – ASSOCIAÇÃO DOS MEMBROS DOS TRIBUNAIS DE CONTAS DO BRASIL. *Resolução nº 07/2014*, de 11 de agosto de 2014. Aprova as Diretrizes de Controle Externo Atricon 3203/2014 relacionadas à temática "Gestão de Informações Estratégicas pelos Tribunais de Contas do Brasil: instrumento de efetividade do controle externo", integrante do Anexo Único. Brasília, DF: ATRICON, 2014. Disponível em: https://atricon.org.br/resolucao-atricon-no-072014-gestao-de-informacoes-estrategicas/. Acesso em: 14 nov. 2021.

hoje percorre o caminho de consolidação do saber específico e da sua própria linguagem conceitual. Porém, já com a oportunidade, através de competente Acordo de Cooperação Técnica, foi instituída uma rede nacional de informações estratégicas para o controle externo – a REDE INFOCONTAS – espaço colegiado e permanente no âmbito dos Tribunais de Contas brasileiros, e que representa um conjunto harmônico e integrado de Unidades de Informações Estratégicas, baseado na mútua colaboração, com vistas à cooperação técnica e ao intercâmbio de dados e conhecimento, no interesse das atividades de inteligência de controle externo.[35]

Instituídas e implantadas, as Unidades de Informações Estratégicas, com apoio e suporte da rede nacional, passaram a exercer a atividade especializada de produzir conhecimentos de suporte (nos níveis estratégico, tático e operacional) para o aumento da efetividade das ações de controle externo e, ainda, realizar as necessárias ações fundadas na utilização de métodos e técnicas de investigação de ilícitos administrativos, promotores de improbidades e crimes. Também sob suas responsabilidades, caberiam interagir e promover o compartilhamento de informações estratégicas com órgãos e entidades que atuem nas áreas de fiscalização, investigação e inteligência.

Entretanto, nem todos os Tribunais de Contas seguiram esse caminho de inovação no proceder, e, em muitos outros, as Unidades de Informações Estratégicas tiveram dificuldades no exercício de suas atribuições, até mesmo internamente no relacionamento com as demais unidades de fiscalização. De certo, todas as referidas unidades foram capacitadas para a obtenção, sistematização e análise dos seus dados disponíveis, oriundos de base própria ou custodiada, produzindo excelentes relatórios de informação, de análise de tipologia, de pesquisa e de inteligência.

Por questões internas diversas, as diretrizes da ATRICON relacionadas à temática "Gestão de informações estratégicas pelos Tribunais de Contas do Brasil: instrumento de efetividade do controle externo" não promoveram resultados uniformes no Sistema Tribunais de Contas, mesmo assim serão certamente fundamentais para a defesa social das Cortes de Contas.

Oportunamente, há de se chamar atenção ao seguinte: no âmbito local, considerando-se os jurisdicionados específicos, os dados referentes

---

[35] *Vide* INFOCONTAS. Sobre InfoContas. [2021]. Disponível em: http://infocontas.atricon.org.br/sobre-infocontas/. Acesso em: 14 nov. 2021.

a todo e qualquer ilícito administrativo ou mesmo má aplicação de recurso público, foram ou serão postos à disposição dos Tribunais de Contas, que têm o poder-dever de revelá-los, corrigi-los e preferencialmente prevê-los. Destarte, a título de exemplo, caso um determinado ente público tenha contratado uma empresa de "fachada", é fato que sua participação em licitação, sua celebração contratual e a nota de empenho em seu favor foram retratadas em dados encaminhados à Corte de Contas sob a qual referido ente é devedor da devida prestação de contas. O prejuízo no controle externo decorreria da incapacidade de a irregularidade ser revelada a partir dos dados encaminhados e de sua combinação com os dados das demais bases.

No Tribunal de Contas da União, especialmente nos últimos anos, os avanços tecnológicos e as inovações foram marcas da governança interna, destacando-se como referências o Laboratório de Informações de Controle (LabContas), o sistema interno DGI-Consulta e as robôs Alice, Sofia e Mônica. Convergindo favoravelmente para esse cenário da inteligência de dados, some-se a instituição da Secretaria de Estratégias de Controle para o Combate à Fraude e Corrupção (SECCOR) com a finalidade de desenvolver, fomentar, monitorar, apoiar e coordenar ações de controle, de combate a fraude e corrupção – nas vertentes de prevenção, detecção e correção. Em seguidos avanços, agregue-se, mais recentemente, a institucionalização da Secretaria de Orientação, Métodos, Informações e Inteligência para o Controle Externo e o Combate à Corrupção (SOMA), que incorporou a SECCOR.[36]

O LabContas é uma plataforma virtual que reúne quase uma centena de bases de dados da Administração Pública e possibilita os seus cruzamentos e/ou buscas, contribuindo para as análises preliminares ensejadoras das auditorias e lhes dando consistência e significância. Hoje, constitui-se numa poderosa ferramenta nacional de auxílio ao controle externo, pois é acessado por usuários treinados da ampla maioria dos Tribunais de Contas. Mais recentemente, passou a ser utilizado também pelo Ministério Público.

O DGI-Consulta é uma ferramenta de uso interno do TCU, mas com acesso cedido a vários Tribunais de Contas por meio de Acordo de Cooperação Técnica e atendimento a algumas exigências

---

[36] *Vide* TCU – TRIBUNAL DE CONTAS DA UNIÃO. *Site* institucional. 2021. Disponível em: https://portal.tcu.gov.br/inicio/index.htm. Acesso em: 14 nov. 2021; GOMES, Helton Simões. Como as robôs Alice, Sofia e Monica ajudam o TCU a caçar irregularidades em licitações. *G1*, 18 mar. 2018. Disponível em: https://g1.globo.com/economia/tecnologia/noticia/como-as-robos-alice-sofia-e-monica-ajudam-o-tcu-a-cacar-irregularidades-em-licitacoes.ghtml. Acesso em: 14 nov. 2021.

complementares, desenvolvida para executar consultas pontuais e em lote, em diferentes bases de dados, realizar cruzamentos e efetuar busca de vínculos entre alvos previamente selecionados.

As robôs Alice, Sofia e Mônica foram desenvolvidas para auxiliarem o trabalho do Tribunal de Contas da União no seu mister fiscalizatório. A Alice, concebida inicialmente pela Controladoria-Geral da União (CGU), foi cedida e aperfeiçoada pelo TCU para a tarefa de fiscalizar a existência de fraudes em licitações, especialmente nos editais. Sofia, por sua vez, tem a tarefa de auxiliar os auditores na hora de redigir textos, enquanto a robô Mônica avalia as contratações públicas na visão do contratante, podendo revelar, de forma ágil e eficiente, por exemplo, os fornecedores e serviços mais contratados.

Brasil afora, diversos outros exemplos de inteligência de dados para o controle externo estão sendo apresentados, podendo aqui ser citados o Sistema de Indicador de Risco e Irregularidades (IRIS), do Tribunal de Contas do Rio de Janeiro, e o Sistema de Fiscalização Integrada Suricato, do Tribunal de Contas do Estado de Minas Gerais, ambos ensejadores de ganhos de qualidade e agilidade nas atividades fiscalizatórias das referidas Cortes de Contas.

No âmbito do Tribunal de Contas do Estado do Piauí (TCE-PI), a unidade de informações estratégicas tem produzido matrizes de riscos, fomentado o desenvolvimento de relatórios internos com o padrão *self-service-BI*, patrocinado modelos para classificação de fornecedores da Administração Pública baseados em aprendizagem de máquina supervisionada e produzido e compartilhado relatórios de inteligência a outros órgãos de controle, o que implicou diversas operações em desfavor de crimes contra a Administração Pública, conforme se ilustra no quadro a seguir.

Quadro 1 – Operações conjuntas realizadas
com a participação do TCE-PI

(continua)

DENOMINAÇÃO	DATA	ÓRGÃOS DE CONTROLE PARTICIPANTES
Operação Déspota	14.07.2016	GAECO, MPPI, TCE-PI, CGU, PMPI e PRF.
Operação *Il Capo*	24.10.2016	GAECO, MPPI, TCE-PI e PRF.
Operação Escamoteamento – 1ª fase	07.04.2017	GAECO, MPPI, TCE-PI, CGU, PMPI, PC-PI e PRF.
Operação Pastor	21.06.2017	PF, MPF, CGU e TCE-PI.
Operação Escamoteamento – 2ª fase	24.10.2017	GAECO, MPPI, TCE-PI, CGU, TCU, PMPI, PC-PI e PRF.

A INTELIGÊNCIA INSTITUCIONAL PARA O CONTROLE DA ADMINISTRAÇÃO PÚBLICA | 41

(conclusão)

DENOMINAÇÃO	DATA	ÓRGÃOS DE CONTROLE PARTICIPANTES
Operação *Argentum*	26.10.2017	PF, MPF, CGU e TCE-PI.
Operação *Medium* Parnaíba	01.12.2017	MPPI, PC-PI e TCE-PI.
Operação Bons Princípios	14.12.2017	PC-PI, GAECO, CGU e TCE-PI.
Operação Escamoteamento – 3ª fase	24.08.2018	GAECO, MPPI, TCE-PI, PC-PI e PRF.
Operação Natureza	30.08.2018	PC-PI e TCE-PI.
Operação Itaorna	12.09.2018	MPPI, GAECO e TCE-PI.
Operação Escamoteamento – 4ª fase	18.10.2018	GAECO, MPPI, TCE-PI e PRF.
Operação Águas de Março	21.03.2019	MPPI, GAECO, PMPI, PC-PI e TCE-PI.
Operação Dom Casmurro – 1ª fase	07.11.2019	MPPI, PC-PI e TCE-PI.
Operação Bacuri	03.12.2019	MPPI, GAECO, PMPI, PC-PI e TCE-PI.
Operação Águas de Março – 2ª fase	29.01.2020	MPPI, GAECO, PMPI, PC-PI e TCE-PI.
Operação Reagente	02.07.2020	PF, TCE-PI.
Operação *Perpetuatio*	15.09.2020	MPPI, GAECO, PMPI, PC-PI, PRF e TCE-PI.
Operação *Ibis Clausus*	08.10.2020	MPPI, GAECO, PMPI, PC-PI, PRF e TCE-PI
Operação *Tertium*	22.12.2020	PC-PI, TCE-PI
Operação Reagente II	25.02.2021	PF, TCE-PI
Operação Liderança	04.03.2021	PC-PI, TCE-PI

Observação: GAECO, Grupo de Atuação Especial contra o Crime Organizado; MPPI, Ministério Público Estadual/Piauí; TCE-PI, Tribunal de Contas do Estado/Piauí; CGU, Controladoria-Geral da União; PMPI, Polícia Militar do Piauí; PRF, Polícia Rodoviária Federal; PC-PI, Polícia Civil do Piauí; PF, Polícia Federal; MPF, Ministério Público Federal.
Fonte: elaborado pelos autores.

É importante destacar que a legislação interna desse órgão de controle valoriza a integração e a cooperação entre diversos órgãos, permitindo a participação de auditores em operações conjuntas (Resolução TCE nº 06/2017), e valoriza os profissionais que desenvolvem essas atividades especializadas ao dispor em Regimento Interno Específico sobre os seus direitos e garantias e bem definir a gestão dessas atividades (Resoluções TCE nºs 22/2012 e 20/2015).[37]

---

[37] TCE-PI – TRIBUNAL DE CONTAS DO ESTADO DO PIAUÍ. *Resolução TCE nº 06, de 23 de fevereiro de 2017*. Dispõe sobre a participação do Tribunal de Contas do Estado do Piauí-TCE/PI em operações conjuntas com outros órgãos de controle e disciplina a utilização de uniforme

2.3 A inteligência patrocinada pela CGU

Como já mencionado, a Controladoria-Geral da União (CGU) é o órgão de controle interno do Executivo Federal e é integrante do SISBIN, destacando-se no cenário nacional pelo seu enfrentamento à corrupção promovida com o envolvimento de recursos federais. Numa simples pesquisa na rede mundial de computadores se encontram informações sobre esse seu importante papel para a sociedade brasileira, que é acrescentado pela defesa da transparência pública e pelo estímulo ao controle social.

No âmbito de sua estrutura organizacional, destaca-se a Secretaria de Combate à Corrupção, que é responsável por propor ao Ministro de Estado a normatização, a sistematização e a padronização dos procedimentos e atos normativos que se refiram às atividades relacionadas a acordos de leniência, inteligência e operações especiais desenvolvidas pela Controladoria-Geral da União; supervisionar, coordenar e orientar a atuação das unidades da Controladoria-Geral da União nas negociações dos acordos de leniência; desenvolver e executar atividades de inteligência e de produção de informações estratégicas, inclusive por meio de investigações; e coordenar as atividades que exijam ações integradas da Controladoria-Geral da União em conjunto com outros órgãos e entidades de combate à corrupção, nacionais ou internacionais (Decreto Federal nº 9.681/2019).[38]

Na prática, em cada regional espalhada pelo país, aparecem os núcleos de atividades especializadas que são verdadeiras unidades de produção de conhecimento para o enfrentamento à corrupção, motivando ações preventivas, combativas ou repressivas, fruto de cruzamentos

---

específico para essas operações. Publicada em 7 de março de 2017; TCE-PI – TRIBUNAL DE CONTAS DO ESTADO DO PIAUÍ. *Resolução TCE nº 20, de 21 de maio de 2015*. Dispõe sobre o funcionamento da Unidade de Informações Estratégicas do Tribunal de Contas do Estado do Piauí. Publicada em 12 de junho de 2015; TCE-PI – TRIBUNAL DE CONTAS DO ESTADO DO PIAUÍ. *Resolução TCE nº 22, de 17 de setembro de 2012*. Institui a Gestão de Informações Estratégicas para as Ações de Controle Externo, no âmbito do Tribunal de Contas do Estado do Piauí. Publicada em 4 de outubro de 2012. Todas as resoluções antes referenciadas estão dispostas em TCE-PI – TRIBUNAL DE CONTAS DO ESTADO DO PIAUÍ. Resoluções. 2021. Disponível em: https://www.tce.pi.gov.br/category/legislacao/resolucoes/. Acesso em: 14 nov. 2021.

[38] BRASIL. *Decreto Federal nº 9.681, de 3 de janeiro de 2019*. Aprova a Estrutura Regimental e o Quadro Demonstrativo dos Cargos em Comissão e das Funções de Confiança da Controladoria-Geral da União, remaneja cargos em comissão e funções de confiança e substitui cargos em comissão do Grupo-Direção e Assessoramento Superiores – DAS por Funções Comissionadas do Poder Executivo – FCPE. Brasília, DF: Presidência da República, 2019.

de dados, emprego de técnicas especiais de investigação e diligências *in loco*. Merece destaque também a comprovada capacidade técnica desses servidores na efetivação de buscas autorizadas pela justiça e nas análises dos materiais decorrentes dessas buscas.

É também nas regionais, mas sempre com o suporte do órgão central, que se materializam as "parcerias" formuladas por acordos de cooperação técnica e que resultam em integração, cooperação e compartilhamento de dados, informações e conhecimento para uma melhor ação em rede no enfrentamento dos crimes contra a Administração Pública e de outras irregularidades que não crimes.

2.4 A inteligência nos Ministérios Públicos

O aparelhamento e a capacitação de membros e servidores que trabalham nesses órgãos ministeriais – Ministério Público Federal e Ministério Público Estadual – com o propósito de fortalecer a atuação no combate à improbidade administrativa, à corrupção e às organizações criminosas, têm se destacado mediante a ação dos grupos de atuação especial contra o crime organizado, os GAECOS, há tempos instituídos no órgão ministerial estadual, mas só recentemente adotados na prática pelo Ministério Público Federal. Destarte, no âmbito do Ministério Público Estadual, a institucionalização do Grupo Nacional de Combate às Organizações Criminosas (GNCOC) precedeu aos GAECOS e pode ser apontada como um divisor de águas nesse afazer ministerial.

Esclarece-se, como bem apontou a Comunicação Social do Ministério Público Federal, que "a possibilidade da criação de uma estrutura permanente de investigação voltada para o combate à corrupção e ao crime organizado no MPF existe desde 2013, quando o Conselho Superior do Ministério Público Federal (CSMPF) aprovou a Resolução 146. No entanto, apenas em janeiro deste ano, foi instituído o primeiro grupo, em Minas Gerais" (SECOM-MPF, 2020).[39]

Como não poderia deixar de ser, o uso da tecnologia, a análise de dados, próprios e/ou compartilhados, a cooperação da sociedade e as práticas de inteligência institucional têm sido os principais pilares de sustentação das ações e atividades desses grupamentos especializados, que têm feito a diferença Brasil afora, consolidando-se como essenciais

---

[39] *Vide* PROCURADORIA-GERAL DA REPÚBLICA. Crime organizado: MPF passa a contar com uma unidade do Gaeco federal no Paraná. 2020. Disponível em: http://www.mpf. mp.br/pgr/noticias-pgr/crime-organizado-mpf-passa-a-contar-com-uma-unidade-do-gaeco-federal-no-parana. Acesso em: 14 nov. 2021.

no combate à corrupção. Ressalta-se que aqueles com maior domínio das atividades de inteligência têm tomado decisões com mais assertividade e devolvido melhores resultados para a sociedade.

Quanto ao uso de tecnologias, especialmente aquelas que promovem cooperação, cabe aqui destacar o Sistema de Investigação de Movimentações Bancárias (SIMBA), do Ministério Público Federal, que permitiu grande avanço nas análises de movimentações bancárias decorrentes das quebras autorizadas pela justiça, implicando positivamente a celeridade e os resultados alcançados. Oportunamente, ressaltam-se as atribuições da Assessoria de Pesquisa e Análise (ASSPA) do Ministério Público Federal para o incremento de suas atividades, especialmente as de inteligência.[40]

De forma particular, é importante destacar que muitos ministérios públicos estaduais integram a Rede Nacional de Laboratórios de Tecnologia Contra Lavagem de Dinheiro (REDE-LAB) – formada pelo conjunto de Laboratórios de Tecnologia Contra Lavagem de Dinheiro instalados no Brasil, que tem como principal característica o compartilhamento de experiências, técnicas e soluções voltadas para análise de dados financeiros e também para a detecção da prática da lavagem de dinheiro, corrupção e crimes relacionados (DRCI/SNJ/MJSP).[41]

Ao se apresentar esse panorama não significa afirmar que nos órgãos ministeriais se praticam ações e atividades de inteligência apenas no âmbito dos GAECOS, como se todos os demais membros fossem desafastados das mesmas, mas apenas se deixa claro que são esses grupamentos especiais os maiores ensejadores de suas práticas e os maiores promotores de resultados no enfrentamento à corrupção e ao combate às organizações criminosas.

No âmbito dos Ministérios Públicos, são certamente os GAECOS que mais promovem a integração e a cooperação para as ações e atividades de inteligência.

---

[40] *Vide* BRASIL. Ministério da Justiça e Segurança Pública. O que é o Simba? 2017. Disponível em: https://www.gov.br/pf/pt-br/assuntos/sigilo-bancario/simba. Acesso em: 14 nov. 2021.

[41] *Vide* BRASIL. Ministério da Justiça e Segurança Pública. LAB-LD. 2021. Disponível em: https://www.gov.br/mj/pt-br/assuntos/sua-protecao/lavagem-de-dinheiro/lab-ld. Acesso em: 14 nov. 2021.

2.5 A inteligência das polícias judiciárias e ostensivas

2.5.1 A inteligência das polícias judiciárias

As polícias judiciárias, Polícia Federal e Polícia Civil, como órgãos essenciais integrantes da segurança pública, têm suas atribuições basilares definidas no próprio texto constitucional, cabendo a elas, respectivamente, as apurações das infrações penais contra a ordem política e social ou em detrimento de bens, serviços e interesses da União ou de suas entidades autárquicas e empresas públicas, assim como outras infrações cuja prática tenha repercussão interestadual ou internacional e exija repressão uniforme, segundo se dispuser em lei (art. 144, §1º, I, CF/88) e as apurações das demais infrações penais remanescentes, exceto militares (art. 144, §4º, CF/88).[42]

Cabem à Polícia Federal, ainda: prevenir e reprimir o tráfico ilícito de entorpecentes e drogas afins, o contrabando e o descaminho, sem prejuízo da ação fazendária e de outros órgãos públicos nas respectivas áreas de competência; exercer as funções de polícia marítima, aeroportuária e de fronteiras (art. 144, §1º, II e III, CF/88).[43]

Na prática, dentre todas as instituições abordadas neste trabalho, são essas polícias que mais se guiam pela doutrina da inteligência propriamente dita, com a internalização de seus valores e princípios, mas numa singular definição como inteligência policial.

Nesse sentido, entende-se que foi a partir da complexidade das suas respectivas atribuições que as atividades de inteligências das polícias judiciárias evoluíram, sendo comum os avanços quanto às análises de quebras de sigilo bancário, fiscal, patrimonial e telefônico; nas técnicas da inteligência de sinais e no emprego de técnicas especiais de investigação. No entanto, com significativo destaque a Polícia Federal avançou mais no emprego de modernas tecnologias e *softwares* para análises de dados e perícias técnicas, incluindo-se a utilização e análises de imagens e o georreferenciamento; enquanto a Polícia Civil, embora sem os meios adequados, avançou significativamente nas técnicas de investigações de crimes cibernéticos, especialmente para enfrentamento à pornografia infantil.

Ressalte-se que tanto a Polícia Federal como a Polícia Civil integram a Rede Nacional de Laboratórios de Tecnologia contra Lavagem

---

[42] BRASIL. [Constituição (1988)]. *Constituição da República Federativa do Brasil*. Brasília: Senado Federal; Coordenação de Edições Técnicas, 2020.

[43] BRASIL. [Constituição (1988)]. *Constituição da República Federativa do Brasil*. Brasília: Senado Federal; Coordenação de Edições Técnicas, 2020.

de Dinheiro (REDE-LAB) operando com esses laboratórios para maior efetividade de seus respectivos processos de trabalho.

Em quaisquer dessas polícias, dentre as diversas técnicas de investigação (pesquisas, interceptações de sinais, quebras de sigilo, diligências de campo etc.), são certamente merecedoras de destaque as técnicas especiais – ação controlada, infiltração de agentes, operação encoberta, delação premiada e vigilância eletrônica – e as informações de inteligência que dão suporte a inquéritos, denúncias e representações. Nesses pontos, essas polícias são referências merecedoras de apreço.

Ainda assim, oportunamente, cuida-se em chamar atenção para a falta de estrutura das polícias, principalmente, da Polícia Civil, dos Estados mais pobres da Federação, incluindo-se os seus Institutos de Polícia Científica, que, na maioria das vezes, não possuem recursos humanos e materiais suficientes para fazer frente às suas mais diversas demandas, menos ainda de suporte na área de inteligência.

Destaca-se para os precitados institutos científicos suas operações sem um mínimo de estrutura tecnológica para fazer frente aos crimes da modernidade, dentre os quais os praticados através das redes cibernéticas.

Nesse mesmo prumo, cita-se dentre os fatores que dificultam ou até impedem o esperado avanço da Polícia Civil, das suas atividades de inteligência, das investigações com independência, a ausência de um arcabouço jurídico que confira mais independência e segurança às autoridades responsáveis pela sua gestão, inclusive da investigação.

Outro ponto também a ser enfrentado pela Polícia Civil está numa cultura antiga disseminada nas suas academias no sentido de se estudar e ensinar a reprimir crimes comuns, especialmente, àqueles que detêm grande apelo social e aos holofotes da mídia, em detrimento de crimes praticados contra a Administração Pública. Não que não se deva dar importância ao estudo dos fatores contributivos e métodos eficazes de repressão aos crimes de homicídio, roubo, sequestro, dentre outros, isto também é de fundamental importância, visto que todos os bens juridicamente relevantes devem ser defendidos. Ocorre que quanto aos crimes de colarinho branco, tais como os praticados em fraudes em licitações, corrupção, peculato, crimes contra o sistema financeiro, enfim, esses não têm infelizmente a atenção que deveriam ter, especialmente tendo em vista os bens jurídicos atacados, que também são importantes e têm como vítimas a sociedade difusamente.

2.5.2 A inteligência das polícias ostensivas

As polícias ostensivas, Polícia Rodoviária Federal e Polícia Militar, também têm atribuições constitucionais, cabendo à primeira o patrulhamento ostensivo das rodovias federais, e, à segunda, a polícia ostensiva residual e a preservação da ordem pública (art. 144, §§2º e 5º, CF/88).[44]

Em razão dessas atribuições, numa visão míope e ultrapassada pelo tempo, muitos já se apressam a afirmar que a utilização de atividades de inteligência por essas polícias implicaria desrespeito aos limites de suas competências, sustentando que essas somente poderiam ser empregadas em ações de corregedoria.

Nesse sentido, não é incomum a defesa de que essas polícias sejam exclusivamente ostensivas, como se o princípio constitucional administrativo da eficiência em nenhum momento e qualquer contexto referendasse a prática das atividades de inteligência por essas polícias, seguindo-as reféns dos avanços da criminalidade organizada, mesmo que isso não fosse o interesse da sociedade.[45]

Ora, já nesse momento, contrapõe-se a esse absurdo, destacando, na prática, as participações importantes dessas polícias em ações integradas e na composição dos Centros Integrados de Comando e Controle espalhados pelo país, o que por si demonstra, no âmbito da segurança pública, o reconhecimento já institucionalizado dos setores de inteligência dessas polícias.

Somam-se, na defesa desse contraponto, recorrentes decisões judiciais que viabilizaram atividades de inteligência praticadas pela Polícia Militar na defesa da segurança pública e do exercício de suas competências, embora ainda não sejam essas todas harmônicas e uniformes.

Recentemente, quando ainda era Ministro da Justiça e Segurança Pública o senhor Sergio Moro, através da Portaria nº 739/2019, de 3 de outubro de 2019, estabeleceu diretrizes para a participação da Polícia Rodoviária em operações conjuntas de combate ao crime nas rodovias federais, estradas federais ou em áreas de interesse da União (ferrovias, hidrovias, portos e aeroportos) por meio de ações de natureza ostensiva, investigativa de inteligência ou mistas, desde que observadas suas

---

[44] BRASIL. [Constituição (1988)]. *Constituição da República Federativa do Brasil*. Brasília: Senado Federal; Coordenação de Edições Técnicas, 2020.

[45] DUMITH, D. de C. A utilização da inteligência policial militar como ferramenta na diminuição da criminalidade sob o ponto de vista doutrinário. *Revista Ordem Pública*, v. 5, n. 2, Semestre 2, p. 35-48, 2012.

competências legais e constitucionais (art. 1º, incisos e parágrafo único; c/c art. 2º, incisos e §§1º e 2º). Ressalte-se, a referendar o citado ato normativo, o interesse do Sistema Único de Segurança Pública (SUSP), que, como já foi dito e defendido, reconhece a importância e o correto emprego das atividades de inteligência pelas Polícias Rodoviária Federal e Militar.[46]

No entanto, o então presidente do Supremo Tribunal Federal (STF), Ministro Dias Toffoli, atendendo liminarmente a pedido da Associação dos Delegados de Polícia Federal – ADPF (ADI nº 6.296), suspendeu os efeitos da portaria, até o julgamento do mérito pelo Plenário, por entender que as regras não tinham previsão legal. Levado ao Plenário sob relatoria do Ministro Marco Aurélio, os Ministros do Supremo Tribunal Federal, por maioria, acordaram em referendar a decisão que tornou insubsistente a decisão do então Presidente.[47]

Portanto, uma vez que o contexto da investigação e da prática de atividades de inteligência pelas polícias ostensivas, ante a atual legislação vigente, foi levado à Corte Suprema, que ainda não o definiu no mérito, resta entender que essa matéria não está pacificada, apresentando-se concordantes e discordantes.

De certo, o que se pode assegurar é que vaidades institucionais desarrazoadas somente alimentam a intransigência que prejudica a interdependência de papéis das instituições integrantes do Sistema Único de Segurança Pública (SUSP) e favorece o fortalecimento e a atuação do crime organizado. Recorrendo-se a uma metáfora, é como se o cérebro, o coração e os pulmões não fossem interdependentes.

Em razão do que foi exposto, associa-se àqueles que defendem que as polícias ostensivas podem e devem operar atividades de inteligência para atuar preventivamente no combate à criminalidade, para restaurar a ordem com mais segurança e, inclusive, para evitar sua quebra, verdadeira e efetivamente preservando a ordem pública.[48]

---

[46] BRASIL. *Portaria nº 739/2019, de 3 de outubro de 2019*. Estabelece diretrizes para a participação da Polícia Rodoviária Federal em operações conjuntas nas rodovias federais, estradas federais ou em áreas de interesse da União. Brasília, DF: Presidência da República, 2019. (Portaria posteriormente revogada).

[47] BRASIL. Supremo Tribunal Federal. *Referendo na Medida Cautelar na Ação Direta de Inconstitucionalidade 6.296*. Relator: Min. Marco Aurélio. Inteiro Teor do Acórdão com as páginas de 1 a 40.

[48] DUMITH, D. de C. A utilização da inteligência policial militar como ferramenta na diminuição da criminalidade sob o ponto de vista doutrinário. *Revista Ordem Pública*, v. 5, n. 2, Semestre 2, p. 35-48, 2012.

Oportunamente, aproveita-se para destacar quão é significativo para essas polícias associarem as suas atividades de inteligência com suas respectivas gestões, permitindo fazer mais e melhor no cumprimento de suas atribuições inquestionadas.

2.6 A inteligência inserta no controle social

Faz-se necessário esclarecer, inicialmente, antes que alguém se apresse a negar seu sentido, que ao se abordar esse tema se tem clara convicção de que não se vulgariza ou se confunde a doutrina da inteligência. Ao contrário, acredita-se que se interpretam validamente as atividades de inteligência na nova era em que todos vivemos, em sociedades de indivíduos conectados o tempo inteiro.

Logicamente, ao se sustentar esse argumento têm-se em mente, especialmente, as atividades de inteligência para o controle externo da Administração Pública, onde o uso da tecnologia, a análise de dados e a cooperação da sociedade são essenciais no combate à corrupção. Não haverá sucesso no enfrentamento à corrupção sem a participação da sociedade.

Com a revolução digital, hoje percebida facilmente, com a abundância de dados e informações, com uma sociedade conectada e impregnada de tecnologias digitais aptas a produzir e difundir informações, como dito anteriormente, úteis ou não, é fato que as notícias falsas (*fake news*) podem se tornar facilmente instrumentos de inteligência e contrainteligência. Nesse sentido, por exemplo, convém ressaltar para reflexão o emprego dessas *fake news* nos mais recentes processos eleitorais brasileiro e americano ou mesmo no enfrentamento à pandemia, no seu início mais crítico.

Ninguém pode negar a importância do cidadão conectado e o fato de que nesta nova era a falta de funcionalidade do Estado pode ser mais facilmente percebida, inclusive quando decorrente de processos de corrupção.

Neste tópico, porém, o que se pretende mesmo é associar-se com as ideias trazidas a público pelo coordenador do Grupo de Atuação Especial Contra o Crime Organizado do Ministério Público da Paraíba (GAECO/MPPB), Promotor de Justiça Octávio Celso Gondim Paulo Neto, um dos idealizadores da maratona tecnológica HackFest, que se espalhou pelo Brasil e até fora do país, mobilizando pessoas de diversas idades e saberes na defesa dos interesses da sociedade, na criação de aplicativos cívicos e de meios e ferramentas para acelerar investigações e analisar dados. Para esse ilustre cidadão e servidor público, as "mudanças trazidas pela era digital destacam a importância de que organismos sociais, instituições, pessoas e entidades desenvolvam uma mentalidade voltada para a curadoria dos algoritmos para que possam fazer uma melhor entrega de suas atividades".[49]

Em competente reflexão, Octávio Celso assevera que se "por um lado há uma crise da democracia participativa, desgaste de governos e da política e, também, da confiança nas instituições, do outro, há em curso uma revolução tecnológica que cria espaço para uma nova forma de poder, com impactos em diversas áreas, principalmente, no combate à corrupção".

Portanto, alimentado por estas convicções, defende e destaca como exercício de cidadania a promoção de inovações e o uso de tecnologias no combate à corrupção. Para ele, "combater qualquer dano ao erário público promove a preservação do patrimônio financeiro do Estado, e isso acarreta na consequente manutenção ou melhoramento da prestação de serviço público à população, mediante as mais variadas políticas públicas, quer seja nas áreas da saúde, educação, saneamento, meio ambiente, esporte etc.".

A participação cidadã nas questões governamentais, especialmente no apoio ao enfrentamento à corrupção, com a promoção dos mais diversos meios tecnológicos para a detecção, prevenção e correção do uso indevido de recursos públicos será um dos pilares de sustentação para o necessário cumprimento do princípio administrativo da eficiência.

Reduzindo-se os impactos da corrupção nos governos mais recursos serão postos para o aperfeiçoamento do serviço público e de suas políticas, especialmente daquelas que possam reduzir as desigualdades regionais e sociais.

---

[49] Octávio Celso Gondim Paulo Neto é Promotor de Justiça do Estado da Paraíba e coordenador do GAECO daquele estado. É um dos idealizadores da Maratona HackFest, um movimento tecnológico cujo principal propósito se remete ao combate à corrupção, entendida por ele e pelo movimento como uma das principais causas para o desencadeamento da pobreza e da miséria social.

CAPÍTULO 3

A CORRUPÇÃO NO BRASIL

Introdução

Há quase duas décadas, reunidas na cidade de Mérida, no México, as Nações Unidas revelavam ao mundo inteiro a necessária preocupação com a corrupção, um flagelo social imposto a cerca de dois terços da população mundial.[50]

Países ricos e pobres, sociedades e indivíduos de todo o mundo são afetados pela corrupção, que impõe perdas de vidas humanas e tira da sociedade "escolas, hospitais e outros serviços vitais", sacrifica os recursos naturais, afasta investimentos necessários à vida em sociedade e constitui forte obstáculo ao atingimento dos objetivos de desenvolvimento sustentáveis (ODS).[51]

Em qualquer país que seja, essa doença social prejudica especialmente o seu desempenho econômico, pois afeta as decisões de investimentos, promove distorções na livre concorrência, altera e limita a composição dos gastos governamentais prejudicando a execução de

---

[50] Realizada na cidade de Mérida, no México, a Convenção de Mérida constituiu-se na Convenção das Nações Unidas Contra a Corrupção (UNCAC), foi promulgada em 31 de outubro de 2003 e entrou em vigor em dezembro de 2005. Tecnicamente, é um tratado internacional que reconhece a importância de serem estabelecidas medidas preventivas e punitivas contra a corrupção, aborda a necessidade de cooperação internacional para enfrentamento à corrupção e repatriamento de capitais decorrentes de práticas de corrupção. No Brasil, foi recepcionada e promulgada pelo Decreto nº 5.687, de 31 de janeiro de 2006 (promulga a Convenção das Nações Unidas contra a Corrupção, adotada pela Assembleia-Geral das Nações Unidas em 31 de outubro de 2003 e assinada pelo Brasil em 9 de dezembro de 2003).

[51] A partir de falas de António Guterres, que é o nono e atual Secretário-Geral da Organização das Nações Unidas (desde 2017). *Vide* acerca dos objetivos do desenvolvimento sustentável (ODS) em NAÇÕES UNIDAS. *Site* institucional. 2021. Disponível em: https://brasil.un.org/. Acesso em: 14 nov. 2021.

suas políticas, abala a legitimidade dos governos e a confiança nos Poderes do Estado.[52]

Numa visão mais técnica, a corrupção é apresentada como fenômeno humano, global e complexo, o que verdadeiramente é, com inúmeras condutas associadas e, portanto, sem ter um conceito formal singular, sendo admitido com definições simples como aquelas que se centraram no "abuso do poder público" ou no "mau uso do poder investido" para benefícios privados. Convém ressaltar que, quando objeto de reflexões filosóficas, teológicas e científicas, ela sempre foi avaliada sobre variadas visões, simples, complexas e plural, associando-se a origem dessa palavra à ideia de putrefação do corpo político e/ou à ideia de quebra, rompimento.

Sem qualquer apelo filosófico, concretamente, de fato, a corrupção é simplesmente tudo que é, razão das desigualdades, da pobreza extrema, da fome, da perda de valores humanos, das epidemias e pandemias, razão pela qual deve ser incansavelmente enfrentada.

Destaca-se que, em qualquer cenário mundial, a corrupção tem sempre muitas e diversas dimensões, importando ressaltar a cultural, a ética, a institucional e a comportamental. Na dimensão cultural, se associa o componente da corrupção arraigada nos costumes, nas práticas, nas tradições, nas instituições e empresas, fundamentada na falta de confiança no Estado, ou melhor, na falta de funcionalidade do Estado. Na dimensão ética, vê-se a corrupção como um problema de desvio ético, quando o indivíduo não avalia ou não se importa com as implicações morais do(s) seu(s) ato(s) em desfavor da coletividade e do bem comum. Por sua vez, a corrupção como problema institucional revela-se quando o problema está concentrado nas instituições políticas, ou seja, em normas, regulamentos e procedimentos. Na dimensão comportamental, avalia-se a corrupção em face do dia a dia das pessoas, suas respostas em relação ao ambiente social em que vivem.[53]

Portanto, ao se avaliar a corrupção de um país, devem-se considerar amplamente suas dimensões e jamais se esquecer de que é um fenômeno humano, próprio das relações humanas. Ela nasce no

---

[52] FIESP. *Relatório – corrupção*: custos econômicos e propostas de combate. Elaborado por equipe técnica gerenciada por Renato Corona Fernandes e publicado em março de 2010. Encontra-se em FIESP – FEDERAÇÃO DAS INDÚSTRIAS DO ESTADO DE SÃO PAULO. *Site* institucional. 2021. Disponível em: https://www.fiesp.com.br. Acesso em: 14 nov. 2021.

[53] Contextualização formulada a partir da apostila do curso EAD de Alinhamento Conceitual do Programa Nacional de Capacitação e Treinamento no Combate à Corrupção e à Lavagem de Dinheiro (PNLD) – Regime Anticorrupção, produzida pela Controladoria-Geral da União.

"coração" humano como uma força que incita dia após dia ao desvio e que precisa ser contida internamente e controlada externamente, pois sempre prejudica e degrada as relações humanas nas sociedades em razão de interesses pessoais e privados se sobreporem aos interesses da coletividade e do bem comum.[54]

Em 2018, quinze anos após a Convenção de Mérida, as Nações Unidas, então representadas por António Guterres, destacaram que todos os anos US\$1 trilhão é pago em propinas (subornos) e outros US\$2,6 trilhões são desviados por meio da corrupção, valor que equivale a mais de 5% do PIB global. Ressalte-se que a soma desses valores, considerando-se o valor médio do dólar em 2018, corresponde a cerca de 3,2 vezes o orçamento atualizado do Brasil para o ano de 2020.

No Brasil, os valores estimados com as perdas decorrentes da corrupção assustam e apontam, segundo estudo da Federação das Indústrias do Estado de São Paulo (Fiesp), para percentuais variando entre 1,8% e 2,3% do produto interno bruto, implicando negativa e diretamente o crescimento e a competitividade do país e a redução de suas desigualdades regionais e sociais.[55]

Na mídia nacional, dia após dia, se vê aflorar escândalos de corrupção e, em certa medida, de ações e decisões de autoridades que propagam o descrédito no seu enfrentamento. Nesse sentido, há cerca de sete anos, a Operação Lava Jato tem sido a grande novela a retratar essa realidade, hoje dividindo espaço com as mais diversas operações de combate à corrupção na pandemia do novo coronavírus, a Covid-19.

Decorrente de todo esse contexto, há uma pergunta que deveria angustiar a humanidade inteira: quantas vidas humanas se perdem anualmente em decorrência da corrupção?

3.1 O Índice de Percepção da Corrupção

O Índice de Percepção da Corrupção (IPC), concebido e produzido pela organização não governamental Transparência Internacional desde 1995, se tornou o principal indicador de corrupção no mundo,

---

[54] Contextualização formulada a partir da apostila do curso EAD de Alinhamento Conceitual do Programa Nacional de Capacitação e Treinamento no Combate à Corrupção e à Lavagem de Dinheiro (PNLD) – Regime Anticorrupção, produzida pela Controladoria-Geral da União.

[55] FIESP. *Relatório – corrupção*: custos econômicos e propostas de combate. Elaborado por equipe técnica gerenciada por Renato Corona Fernandes e publicado em março de 2010. Encontra-se em FIESP – FEDERAÇÃO DAS INDÚSTRIAS DO ESTADO DE SÃO PAULO. *Site* institucional. 2021. Disponível em: https://www.fiesp.com.br. Acesso em: 14 nov. 2021.

a referência mais utilizada para tomadores de decisões dos setores público e privado para avaliação de risco e planejamento de suas ações (TRANSPARÊNCIA INTERNACIONAL BRASIL, 2020).[56]

Na prática, esse índice tem escala variando entre 0 (quando o país é percebido como altamente corrupto) e 100 (quando o país é percebido como íntegro), sendo que no ano de 2020 a conformação apresentada para o Brasil, quando comparado a demais 179 países do mundo, foi a seguinte: *score* 38, *rank* 94 de 180 e uma queda de pontuação de 5 pontos desde 2012 (*vide* Figura 6, elaborada a partir do *site* eletrônico transparency.org).

Figura 6 – Índice de Percepção da Corrupção no ano de 2020 em 180 países do mundo, com ênfase no Brasil

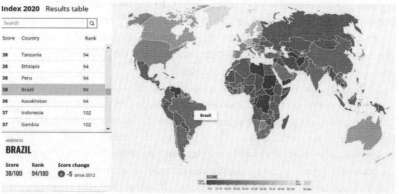

Fonte: elaborada pelos autores (com base em TRANSPARENCY INTERNATIONAL, 2021, *on-line*).

Ao se analisar o resultado divulgado e retratado na figura, não caberia ao menos a pergunta se o Brasil realmente piorou no enfrentamento à corrupção de 2012 a 2020? Reflita-se amparado nos números dos valores dos ativos recuperados nesses mesmos anos, especialmente quando comparados aos recuperados na década imediatamente anterior.

A bem da verdade, hoje, ao se discorrer sobre corrupção, todos, indistintamente, fazem referência ao citado índice, embora se deva admitir que sua metodologia deva ser aprimorada para inserir variáveis

---

[56] *Vide* TRANSPARÊNCIA INTERNACIONAL BRASIL. Destaques. 2021. Disponível em: https://transparenciainternacional.org.br/home/destaques. Acesso em: 14 nov. 2021.

A CORRUPÇÃO NO BRASIL | 55

políticas e permitir comparações mais adequadas entre os países, sem cultivar essencialmente a dimensão pública da corrupção.[57]

Observa-se que para algumas autoridades no tema é equivocado afirmar que o Brasil, no quesito corrupção, piorou nos últimos dez anos. Stuart Gilman, cientista político e consultor, por exemplo, chama atenção ao detalhe de que índices de percepção não medem fatos e defende que essa avaliação seja interna, no âmbito de cada país, e que meça o combate à corrupção ao longo do tempo, sem necessariamente ter de comparar países na forma de *ranking*.[58]

De certo, associado a outros indicadores, como os que avaliam a liberdade econômica e o nível de governança do país, há crédito no mérito do Índice de Percepção da Corrupção. No entanto, não pode ser esse a permitir a única visão do enfrentamento à corrupção.[59]

3.2 A corrupção do Brasil e dos brasileiros

Em regra, ao se referir ou discorrer sobre a corrupção no Brasil, o emprego das expressões "jeitinho brasileiro", "esse crime compensa", "não dá em nada" e "está na cultura do povo" são comuns. Fazem parecer que a corrupção é exclusividade do Brasil e dos brasileiros e sugerem que essa percepção foi cultivada no tempo, como um ensinamento passado de gerações a gerações, provocando um assentimento de que no nosso país não tem e não terá solução.

No entanto, para se ter no futuro um país melhor e mais justo, certamente esse "forçoso aprendizado" não deve estar na cesta no conteúdo da formação dos nossos filhos e filhas, netas e netos. Deve-se é ensinar que a corrupção é um "mal social" que a todos afeta e deve

---

[57] SILVA, L. G. L. da; ASSUNÇÃO, L. O. A distorção da percepção da corrupção: críticas ao índice da transparência internacional. *In*: SEMINÁRIO NACIONAL DE FORMAÇÃO DE PESQUISADORES E INICIAÇÃO CIENTÍFICA EM DIREITO. Federação Nacional dos Pós-Graduandos em Direito – FEPODI. Disponível em: https://conpedi.org.br/publicacoes/. Acesso em: 14 nov. 2021; NUNES, R. de O. *A dificuldade de mensuração da corrupção e o caso da pequena corrupção*. 2018. Monografia (Bacharelado em Economia) – Universidade do Rio de Janeiro, Rio de Janeiro, 2018.

[58] Stuart Gilman é um cientista político norte-americano que integra o programa global da Organização das Nações Unidas contra a corrupção e desenvolve programas em diversos países, inclusive no Brasil, contra esse mal social.

[59] SILVA, L. G. L. da; ASSUNÇÃO, L. O. A distorção da percepção da corrupção: críticas ao índice da transparência internacional. *In*: SEMINÁRIO NACIONAL DE FORMAÇÃO DE PESQUISADORES E INICIAÇÃO CIENTÍFICA EM DIREITO. Federação Nacional dos Pós-Graduandos em Direito – FEPODI. Disponível em: https://conpedi.org.br/publicacoes/. Acesso em: 14 nov. 2021.

ser desencorajada, cuidando-se de fomentar a virtude, de incentivar atitudes, disposições e qualidades de caráter das quais depende uma boa sociedade.

Não! A corrupção não é exclusividade do Brasil e dos brasileiros. É própria da humanidade. Faz parte da nossa história humana e existe em qualquer país, sob qualquer forma de governo, em qualquer instituição.

Então, o que faz parecer que a corrupção é própria e diferente no Brasil? A quem interessa esse assentimento de que a corrupção no nosso país não tem e não terá jeito?

Para entender bem a resposta ao primeiro questionamento, faz-se necessário, de pronto, entender que é comum o brasileiro associar a corrupção unicamente à sua dimensão pública, afastando-se a ampla maioria de qualquer responsabilidade, num sentimento do "eu não tenho nada a ver com isso". Furar fila da vacinação da Covid-19, colar nas provas do colégio ou da universidade, jogar lixo no terreno baldio do vizinho, nada disso causa qualquer indignação que tenha a ver ou implique corrupção.

Observa-se que o antropólogo Roberto Damatta, em sua obra *O que faz o brasil, Brasil?*, alerta para um ponto bastante interessante e reflexivo de que as nossas instituições foram concebidas para coagir e desarticular o indivíduo, incompatibilizando-se com a realidade individual, o que implicaria indivíduos acostumados a violarem e a verem violadas as próprias leis e as instituições, a se apegarem ao "jeitinho brasileiro". Realmente, essa desarmonia é flagrante e nos faz concordar com o citado estudioso.[60]

Seguindo-se, ao se buscar mais amparo intelectual, vê-se que bem avalia e caracteriza a corrupção no Brasil as palavras do psicólogo Luiz Alberto Hanns, que lhe diz sistêmica, endêmica e sindrômica, dispostas suas particularidades em camadas, "como uma cebola", sendo a mais interna (nuclear) a sindrômica e a externa, facilmente perceptível, a sistêmica. Portanto, com amparo em sua lição, vê-se que a sistêmica se caracteriza pela dimensão pública da corrupção, materializada num sistema viciado por políticos, agentes públicos e empresários gananciosos, de controles ineficientes, eleições conduzidas com abusos do poder político e/ou econômico e com ausência de participação da sociedade nas questões governamentais. É, portanto, a que mais prende a atenção e causa indignação aos "cidadãos".[61]

---

[60] DAMATTA, Roberto. *O que faz o brasil, Brasil?* Rio de Janeiro: Rocco, 1986.

[61] Luiz Albert Hanns é um psicólogo (com mestrado e doutorado), psicanalista e professor brasileiro conhecido por sua acurada visão sobre o legado de Sigmund Freud.

A endêmica, já em parte encoberta pela sistêmica, expõe o que se convencionou chamar de pequena corrupção, os defeitos morais e éticos que permeiam pela vida cotidiana das pessoas em busca de interesses pessoais e privados em detrimento da coletividade e do bem comum, é aquela que não é percebida e nem "tratada" como corrupção, encontrando-se arraigada, infelizmente, em nossos costumes. Encontra-se "esparramada e capilarizada por todos os confins da sociedade". De certa forma, serve para revelar nosso "subdesenvolvimento" ético e cultural.

A sindrômica, a mais interior, é encoberta pela endêmica primeiramente, depois envolvida pela sistêmica. Realmente com características de uma "síndrome", com causas diversas e múltiplos efeitos e que se origina e se mantém alimentada para que a visão exterior da corrupção seja unicamente a que se tem hoje.

Aqui, numa alusão às camadas da terra (crosta terrestre, manto e núcleo), que se inter-relacionam, especialmente da sua parte mais interior para a exterior, não se pode conceber e perceber a corrupção apenas em face de seus aspectos mais exteriores, mas é preciso entender que toda a energia que lhe sustenta deriva das camadas mais interiores. Não é a camada exterior que altera as camadas interiores, mas, sim, as camadas mais interiores que modificam e dão forma à camada exterior.

De toda sorte, no contexto apresentado, é preciso entender que para melhor compartilhar os benefícios da associação política é preciso participar da política, como promotores das mudanças necessárias, que podem nascer com as melhores escolhas ao se votar e escolher representantes. Além disso, cada cidadão deve ser consciente de que a "virtude moral resulta do hábito", de que uma sociedade muda quando os cidadãos que vivem nela mudam.

Quanto à outra pergunta: a quem interessa esse assentimento de que a corrupção no nosso país não tem e não terá jeito? O que responder?

De pronto, é fácil responder que não interessa à sociedade em geral.

Mas, especificamente, responde-se que interessa a uma minoria de corruptos e corruptores para os quais a regra, a lei, a moral e a virtude não são exercícios da vida cotidiana. Que são incapazes de ver justiça no fazer a coisa certa e, dessa forma, cuidam de isolar e afastar da vida pública aqueles que defendem o bom comportamento social e encorajam os sentimentos virtuosos.

3.3 Organizações criminosas na dimensão pública da corrupção

Quando se comenta sobre indivíduos que, sem violência ou aparente e imediata consequência, atacam sistemática e organizadamente os cofres públicos, desviando ou subtraindo cifras milionárias, colocando em xeque a sobrevivência de inúmeras pessoas que necessitam do amparo estatal, está-se a falar dos conhecidos criminosos do "colarinho branco", termo batizado por Edwin Sutherland, que o empregou para caracterizar crimes praticados por pessoas que ocupam o topo da pirâmide política e econômica, as quais têm influência social diferenciada, sendo a elite que viola as normas postas no exercício de suas atividades profissionais.

Para Roberto Livianu, ao empregar o precitado termo o autor pretendeu chamar a atenção à forma privilegiada como eram tratados esses criminosos, os do colarinho branco, em razão do funcionamento desigual das instâncias de controle social, bem como afastar da Criminologia o entendimento de que o crime somente se identificava com anomalias de foro endógeno ou com vicissitudes das condições sociais.[62]

Noutro viés, mas aqui importante para este tópico, tem-se que a Lei Nacional nº 12.850, de 2 de agosto de 2013, definiu organização criminosa como a "associação de 4 (quatro) ou mais pessoas estruturalmente ordenada e caracterizada pela divisão de tarefas, ainda que informalmente, com o objetivo de obter, direta ou indiretamente, vantagem de qualquer natureza, mediante a prática de infrações penais cujas penas máximas sejam superiores a 4 (quatro) anos, ou que sejam de caráter transnacional".[63]

Então, especialmente, cuida-se em chamar atenção para a associação dos criminosos do "colarinho branco" para a formação de verdadeiras organizações criminosas ("ORCRIM") a desviar recursos públicos, de várias formas, aparatos e formatos, como bem revelaram Operação Lava Jato, Operação Gafanhotos, Operação Acrônimo,

---

[62] Roberto Livianu é doutor em Direito pela Universidade de São Paulo e procurador de Justiça no Estado de São Paulo, atuando na área criminal. Conhecido pela sua luta contra a corrupção, idealizou e preside o Instituto Não Aceito Corrupção (INSTITUTO NÃO ACEITO CORRUPÇÃO. *Site* institucional. 2017. Disponível em: https://www.naoaceitocorrupcao. org.br/equipe. Acesso em: 14 nov. 2021).

[63] BRASIL. *Lei nº 12.850, de 2 de agosto de 2013*. Define organização criminosa e dispõe sobre a investigação criminal, os meios de obtenção da prova, infrações penais correlatas e o procedimento criminal; altera o Decreto-Lei nº 2.848, de 7 de dezembro de 1940 (Código Penal); revoga a Lei nº 9.034, de 3 de maio de 1995; e dá outras providências. Brasília, DF: Presidência da República, 2013.

Operação Zelotes e outras, muitas outras. Nesse sentido, cuida-se de relembrar que os criminosos estavam em partidos políticos, eram agentes políticos, servidores públicos, empresários e que até atos normativos foram viciados. Aos criminosos, aparentemente, não se vislumbrou limite, receio da punição ou qualquer preocupação social. Em igual intenção, faz-se rememorar as somas bilionárias desviadas, por exemplo, na Operação Lava Jato, que contou com 80 fases operacionais e investigou cerca de R$8 trilhões, mas que certamente teve elevado custo e trouxe consequências sociais e econômicas. Não se faz aqui qualquer crítica às operações realizadas, todas necessárias, mas que as colocam como argumentos da defesa de que o melhor e mais efetivo enfrentamento à corrupção dar-se-á pela sua prevenção.

Observa-se que a corrupção sistêmica, já inevitavelmente ligada ao crime organizado na definição nova trazida pela Lei nº 12.850/13, corrói vagarosa e imperceptivelmente em um primeiro momento o Estado, como um câncer, que quando detectado, na grande maioria das vezes, já está em estágio de metástase, sendo nesse segundo momento muito difícil conseguir-se reparar o dano que já foi sofrido pelo Estado e pela sociedade. No estágio de metástase, a corrupção "nos torna cúmplices e destrói-nos a vida".

O que se abateu sobre o Estado do Rio de Janeiro exemplifica isso. Propinas milionárias foram distribuídas por empresas, que se favoreciam em contratações públicas, a políticos e servidores públicos, que, por sua vez, contavam com uma rede profissional e sofisticada de lavadores de capitais, doleiros e paraísos fiscais, para acumular fortunas. Formavam uma verdadeira e sofisticada organização criminosa. Se não bastasse, esses agentes criminosos utilizaram-se das próprias leis do Estado para, sob o pretexto de ofensa a garantias fundamentais, impedir sob o manto do sigilo bancário que se chegasse às fortunas desviadas.

Nessa esteira, além de gerar grave dano ao tecido estatal do Rio de Janeiro, o esquema criminoso fulminou toda a economia e os negócios do Estado, enfraquecendo seu mercado e a cadeia produtiva local, o que, de certo, coloca em xeque a ordem econômica assegurada explicitamente na nossa Carta Magna. O câncer não prevenido e nem a tempo tratado definhou o Estado do Rio.

O pior, é que novas operações e o afastamento do último governador eleito, um juiz federal, trazendo a ideia da reiteração, fulminaram a confiança da sociedade fluminense e carioca nas instituições, e, até o momento, não se vislumbra um maior envolvimento das suas pessoas nas questões governamentais importantes.

Destaca-se que o cenário apresentado ao Rio de Janeiro também é ou pode ser comum a outros muitos Estados, capitais e municípios brasileiros.

Ainda com foco na participação das organizações criminosas na dimensão pública da corrupção, mas com preocupação ainda maior, deve-se ficar alerta à inter-relação cada vez mais forte dos crimes típicos cometidos por "ORCRIMs" e os crimes de colarinho branco, notadamente aqueles praticados em desfavor da Administração Pública. Talvez o que mais contribua para essa imbricada relação seja a perspectiva de baixos riscos e altíssimos lucros. Some-se a isso a proximidade desses verdadeiros criminosos com as pessoas detentoras ou próximas aos detentores do poder econômico e político, todos juntos buscando uma rede de proteção e liberdade.

Observa-se que o narcotráfico, o tráfico internacional de órgãos, o tráfico de mulheres para prostituição, o tráfico de armas, o contrabando, os crimes contra a ordem econômica e contra o sistema financeiro, dentre outros, via de regra, já se infiltram no aparato estatal, na dimensão pública da corrupção.

3.4 Corrupção e lavagem de dinheiro: a importância desse nó

Não se faz neste tópico um estudo aprofundado sobre a lavagem de dinheiro, mas apenas apontamentos relevantes ao entendimento de sua importância relacionada à corrupção.

Inicialmente, observa-se que o primeiro emprego do termo "lavagem de dinheiro" num instrumento de política criminal internacional deu-se em 1988, na Convenção de Viena Contra o Tráfico Ilícito de Drogas e Substâncias Psicotrópicas da Organização das Nações Unidas (ONU), assumindo, a partir de então, os países signatários o compromisso de tipificar o crime de lavagem de dinheiro em suas legislações. O Brasil o fez dez anos depois por meio da Lei n⁰ 9.613, de 3 de março de 1998, que foi posteriormente aperfeiçoada pela Lei n⁰ 12.683, de 9 de julho de 2012.[64]

---

[64] BRASIL. *Lei n⁰ 9.613, de 3 de março de 1998*. Dispõe sobre os crimes de "lavagem" ou ocultação de bens, direitos e valores; a prevenção da utilização do sistema financeiro para os ilícitos previstos nesta Lei; cria o Conselho de Controle de Atividades Financeiras – COAF, e dá outras providências. Brasília, DF: Presidência da República, 1998; BRASIL. *Lei n⁰ 12.683, de 8 de julho de 2012*. Altera a Lei n⁰ 9.613, de 3 de março de 1998, para tornar mais eficiente a

Apesar de ter surgido como um mecanismo de enfrentamento do poder econômico dos cartéis internacionais de tráfico de drogas, já a algum tempo a lavagem de dinheiro passou a ser direcionada a outros crimes geradores de lucros ilícitos com potencialidade de desestabilizar economias nacionais, como o caso da corrupção que aqui é objeto de ponderação. Ressalte-se que a retirada de um rol taxativo de ilícitos antecedentes da lei nacional significou grande avanço na legislação.

Na literatura diversos conceitos são aplicados à lavagem de dinheiro, e, para lei brasileira, consiste em "ocultar ou dissimular a natureza, origem, localização, disposição, movimentação ou propriedade de bens, direitos ou valores provenientes, direta ou indiretamente, de infração penal" (art. 1º da Lei nº 12.683/12).

Para o Grupo de Ação Financeira Internacional (GAFI), é o processo pelo qual produtos de natureza criminosa têm ocultada a sua origem legal.[65]

Na literatura, há muitos conceitos, que se reafirmam e se completam, mas, de forma mais simples, popular, pode-se afirmar que a lavagem de dinheiro é o processo pelo qual o criminoso busca dar aparência lícita a recursos oriundos de prática criminosa.

Embora a lei brasileira não se refira diretamente à palavra 'processo', abstrai-se desse universo conceitual que a lavagem de dinheiro é um processo e que requer um crime anterior, uma infração penal que dela decorra. Como processo que é, materializa-se nas etapas de colocação, circulação (ou ocultação) e integração.[66]

Na primeira etapa, a colocação (*placement stage*), o dinheiro ilegal é inserido, posto, dentro do circuito econômico e financeiro legítimo, mediante estratagemas que envolvem pessoas interpostas, empresas fictas, documentação falsa etc. Na circulação (*layering stage*), tenta-se quebrar a cadeia de evidências que ligam o dinheiro à sua origem ilícita, especialmente por meios que dificultem o rastreamento contábil, bancário ou fiscal. Por fim, com a integração (*integration stage*), o processo se completa com a introdução do dinheiro lavado dentro

---

persecução penal dos crimes de lavagem de dinheiro. Brasília, DF: Presidência da República, 2012.

[65] Contextualização formulada a partir da apostila do curso EAD de Alinhamento Conceitual do Programa Nacional de Capacitação e Treinamento no Combate à Corrupção e à Lavagem de Dinheiro (PNLD) – Texto 1 – Conceito de LD.

[66] Contextualização formulada a partir da apostila do curso EAD de Alinhamento Conceitual do Programa Nacional de Capacitação e Treinamento no Combate à Corrupção e à Lavagem de Dinheiro (PNLD) – Texto 1 – Conceito de LD.

da economia, incorporando ativos, promovendo investimentos ou, até mesmo, empreendendo.[67] Intimamente relacionada à "grande corrupção", na sua dimensão pública, pois seu produto é essencialmente o dinheiro, a lavagem de dinheiro dela decorrente, através de diversas metodologias e estratégias promovidas por doleiros e outros agentes, quase sempre também materializa o crime de organização criminosa.

Portanto, em certa medida, em qualquer esfera de governo, seja federal, estadual ou municipal, Poder ou órgão, ao se apresentar o crime de corrupção, é salutar inferir e aferir os crimes de lavagem de dinheiro e organização criminosa. Aí está o nó de interesse.

3.5 Mecanismos anticorrupção

Sendo a corrupção um problema global, de interesse geral, isso faz impulsionar em todo o mundo iniciativas e movimentos, nem sempre sob a tutela governamental, com ações para o seu enfrentamento.

Cientes dos impactos negativos da corrupção na economia, mais especificamente na integridade das empresas e dos mercados, na livre concorrência e no desenvolvimento global, muitas dessas iniciativas tiveram motivação defendida por fortes grupos econômicos, podendo-se citar as do Grupo de Trabalho Anticorrupção do G20 (Cúpula de Seul 2010) e a Parceria Contra a Corrupção (PACI), proposta e acordada em 2004.[68]

Já sob a tutela das Nações Unidas, destacou-se a Convenção das Nações Unidas contra a Corrupção, que resultou no maior texto juridicamente vinculativo de luta contra a corrupção, com 71 artigos. A referida Convenção foi realizada na cidade de Mérida, no México, no ano de 2003.

Diversas outras convenções internacionais de interesses mais regionais também enfrentaram esse tema. Em 1996, por exemplo, a Organização dos Estados Americanos (OEA) adotou a Convenção

---

[67] Contextualização formulada a partir da apostila do curso EAD de Alinhamento Conceitual do Programa Nacional de Capacitação e Treinamento no Combate à Corrupção e à Lavagem de Dinheiro (PNLD) – Texto 1 – Conceito de LD.

[68] Contextualização formulada a partir da apostila do curso EAD de Alinhamento Conceitual do Programa Nacional de Capacitação e Treinamento no Combate à Corrupção e à Lavagem de Dinheiro (PNLD) – Texto 3 – Regime Anticorrupção.

Interamericana contra Corrupção, que foi recepcionada juridicamente pelo Brasil em 2002.[69]

De toda sorte, para o enfrentamento à corrupção, hoje, com *status* de lei ordinária, estão acrescentadas ao no nosso arcabouço jurídico a Convenção Interamericana contra Corrupção, a Convenção sobre o Combate da Corrupção de Funcionários Públicos Estrangeiros em Transações Comerciais Internacionais e a Convenção das Nações Unidas contra Corrupção.

Associando-se à lei e à justiça, destacaram-se também, especialmente nos mais recentes anos, movimentos articulados por diversos órgãos de controle para o enfrentamento à corrupção e, ainda, outros movidos por cidadãos mais conscientes e preparados para a defesa do interesse da coletividade.

Como exemplos desses movimentos interinstitucionais podem ser citados o Movimento Articulado de Combate à Corrupção (MARCCO), o Fórum de Combate à Corrupção e Lavagem de Dinheiro (FOCCO) e as Redes de Controle da Gestão Pública dos Estados. Na prática, deles fazendo parte os ministérios públicos, os tribunais de contas, as polícias judiciárias e ostensivas, a Controladoria-Geral da União e dos Estados, a Advocacia-Geral da União e outros órgãos, esses movimentos representam um esforço estratégico e conjunto para a prática de medidas uniformes e direcionadas a prevenir, combater e reprimir corrupção, a estimular e fortalecer o controle social e, ainda, compartilhar dados, informações e conhecimentos úteis ao exercício das atividades inerentes aos partícipes.[70]

Quanto aos movimentos impulsionados pelos próprios cidadãos, podem ser citados, como bons exemplos, o Observatório Social do Brasil, o Contas Abertas, o Unidos Contra a Corrupção, o Movimento de Combate à Corrupção Eleitoral (MCCE) e o HackFest Contra a Corrupção, todos movimentos sociais que valorizam a integridade, a abertura de dados públicos, a transparência pública e a melhor aplicação dos recursos em favor da sociedade. Ressalte-se que esses movimentos têm *sites* eletrônicos na rede mundial de computadores onde são devidamente apresentados e retratados.[71]

---

[69] Contextualização formulada a partir da apostila do curso EAD de Alinhamento Conceitual do Programa Nacional de Capacitação e Treinamento no Combate à Corrupção e à Lavagem de Dinheiro (PNLD) – Texto 3 – Regime Anticorrupção.

[70] *Vide* REDE DE CONTROLE DA GESTÃO PÚBLICA. *Site* institucional. 2021. Disponível em: http://www.rededecontrole.gov.br/. Acesso em: 14 nov. 2021.

[71] *Vide* OSB – OBSERVATÓRIO SOCIAL DO BRASIL. *Site* institucional. 2021. Disponível em: https://osbrasil.org.br/. Acesso em: 14 nov. 2021; UNIDOS CONTRA A CORRUPÇÃO. *Site*

No âmbito do Poder Legislativo, é importante destacar que tem sido recorrente a criação de Frentes Parlamentares Suprapartidárias de Combate à Corrupção, essas permeando desde o legislativo federal até os legislativos municipais, mas com resultados ainda pouco expressivos. Representam uma esperança de maior comprometimento desses representantes do povo no enfrentamento a esse mal social.[72]

Mais recentemente, chama-se atenção a uma iniciativa da Estratégia Nacional de Combate à Corrupção e à Lavagem de Dinheiro e do Tribunal de Contas da União (TCU) que tem sido merecedora de apreço e pode ser considerada altamente impactante para o processo de prevenção à corrupção. Trata-se de uma estratégia nacional articulada em rede para a prevenção à fraude e à corrupção. As suas principais diretrizes são: integração, controle, gestão e participação social; simplicidade de execução, flexibilização de adesão e prazos, baixa intensidade de uso de mão de obra dos parceiros, independência e personalidade das instituições parceiras; transparência e participação social. Na sua fase inicial, com envolvimento e estímulo, busca avaliar a suscetibilidade à fraude e à corrupção nas organizações públicas, seguindo-se com a indução de melhorias contínuas, com diagnósticos bianuais até se viabilizar o controle das fraudes e da corrupção nessas organizações.[73]

3.5.1 Estratégia Nacional de Combate à Corrupção e à Lavagem de Dinheiro (ENCCLA)

Criada em 2003, por iniciativa do Ministério da Justiça, constitui-se num órgão colegiado composto por uma diversidade de órgãos dos Poderes Executivo, Legislativo e Judiciário das esferas federal e estadual e, em alguns casos, municipal, bem como do Ministério Público de

---

institucional. 2021. Disponível em: https://web.unidoscontraacorrupcao.org.br/. Acesso em: 14 nov. 2021; MCCE – MOVIMENTO DE COMBATE À CORRUPÇÃO ELEITORAL. *Site* institucional. 2021. Disponível em: http://www.mcce.org.br/. Acesso em: 14 nov. 2021; GITHUB. HackFest. [2017]. Disponível em: https://github.com/hackfestcc. Acesso em: 14 nov. 2021.

[72] *Vide* BRASIL. Câmara dos Deputados. Lançada frente parlamentar de combate à corrupção. 2019. Disponível em: https://www.camara.leg.br/noticias/553849-lancada-frente-parlamentar-de-combate-a-corrupcao/. Acesso em: 14 nov. 2021.

[73] Iniciativa da Estratégia Nacional de Combate à Corrupção e à Lavagem de Dinheiro (Enccla), executada pelas Redes de Controle da Gestão Pública dos 26 estados e do Distrito Federal, a qual conta com a coordenação do Tribunal de Contas da União (TCU) e da Controladoria-Geral da União (CGU), e apoio da Associação dos Membros dos Tribunais de Contas do Brasil (Atricon), da Associação Brasileira dos Tribunais de Contas dos Municípios (Abracom), do Conselho Nacional de Presidentes dos Tribunais de Contas (CNPTC), do Conselho Nacional de Controle Interno (Conaci) e do Instituto Rui Barbosa (IRB).

diferentes esferas, formatado para ser a principal rede de articulação para arranjo, discussões e formulação de políticas públicas e soluções voltadas ao combate à corrupção e à lavagem de dinheiro.[74]

Na estrutura do atual Ministério da Justiça e Segurança Pública, a ENCCLA se vincula à Secretaria Nacional de Justiça, mais especificamente ao Departamento de Recuperação de Ativos e Cooperação Jurídica Internacional (DRCI), sendo a Coordenação-Geral de Articulação Institucional sua secretaria executiva.

Desenvolve suas atividades por meio de ações, pactuadas anualmente, executadas por grupos de trabalho interinstitucionais que se reúnem, em regra, mensalmente, para a consecução dos objetivos acertados para cada ação. Podem ser destacados dentre os produtos das ações da ENCCLA as capacitações e treinamentos realizados (destaque para o Programa Nacional de Capacitação no Combate à Corrupção e Lavagem de dinheiro – PNLD), a viabilização e o compartilhamento de sistemas (destaque para a formação e manutenção da Rede LabLd), a produção de conhecimento (Plano de Diretrizes de Combate à Corrupção), a estruturação das delegacias especializadas e o avanço e aperfeiçoamento de normas.

Ressalte-se, ainda, que é a ENCCLA o órgão responsável para atender e viabilizar as recomendações internacionais de adequação e providências relacionadas ao combate à corrupção, lavagem de dinheiro e financiamento ao terrorismo.

Oportunamente, chama-se atenção ao importante conteúdo do Plano de Diretrizes de Combate à Corrupção, que se encontra publicado na rede mundial de computadores e se constitui numa leitura obrigatória para quem pretende conhecer os pilares do combate à corrupção e à lavagem de dinheiro e, ainda, de boas práticas implementadas nesse sentido.

---

[74] *Vide* informações sobre a Estratégia Nacional de Combate à Corrupção e à Lavagem de Dinheiro (Enccla) em ENCCLA – ESTRATÉGIA NACIONAL DE COMBATE À CORRUPÇÃO E À LAVAGEM DE DINHEIRO. *Site* institucional. 2021. Disponível em: http://enccla.camara. leg.br/. Acesso em: 14 nov. 2021.

CAPÍTULO 4

O CONTROLE DA ADMINISTRAÇÃO PÚBLICA NO BRASIL

A quem cabe o controle da Administração Pública no Brasil? Apressadamente, essa é uma pergunta de fácil resposta, mas que precisa ser sabiamente respondida e melhor compreendida.

De certo cabe aos seus cidadãos, primeiramente, e aos Poderes Legislativo e Judiciário da república, de forma harmônica, como disposto na Constituição Federal. É também assim em qualquer democracia do mundo.

Muitos poderão até argumentar numa lógica diversa da resposta dada, apontando seus caminhos de entendimento na literatura, portanto, fazendo-se necessário, à frente, sustentar o que foi antes respondido.

O homem é um ser social e necessita do compartilhamento dos benefícios da associação política para se realizar plenamente, obrigando-se a aceitar a figura do Estado e a pagar tributos para financiar governos, gestores, servidores públicos, serviços, políticas públicas, eleições etc. De quebra, muitas vezes, financia ainda mordomias e privilégios daqueles que o representam no Estado. Diante desse cenário, o voto – fonte do poder do cidadão – legitima o comando, e a cidadania legitima a obediência.[75]

Como uma concepção humana, portanto, sujeito a imperfeições, o Estado contemporâneo se apresenta como Poderes harmônicos que se

---

[75] Contextualizado a partir do conteúdo de SANDEL, Michael J. *Justiça*: o que é fazer a coisa certa. Tradução: Heloísa Matias e Maria Alice Máximo. 14. ed. Rio de Janeiro: Civilização Brasileira, 2014, das campanhas pelo voto consciente e com o conteúdo simples da Cartilha de Educação Política dos Embaixadores da Democracia (disponível em: https://votoconsciente. org.br/wpcontent/uploads/Cartilha_EducacaoPolitica_2021_Digital_13.pdf; acesso em: 14 nov. 2021).

autocontrolam segundo uma carta de intenções políticas que representa a vontade suprema do seu povo e de respeito aos demais Estados.

No Brasil, essa carta política, magna e suprema, já em seu preâmbulo, assegura "instituir um Estado Democrático, destinado a assegurar o exercício dos direitos sociais e individuais, a liberdade, a segurança, o bem-estar, o desenvolvimento, a igualdade e a justiça como valores supremos de uma sociedade fraterna, pluralista e sem preconceitos, fundada na harmonia social e comprometida, na ordem interna e internacional, com a solução pacífica das controvérsias". Seguindo, expressa os fundamentos do Estado brasileiro e seus objetivos a serem trabalhados por Poderes independentes e harmônicos entre si, o Legislativo, o Executivo e o Judiciário.[76]

Oportunamente, já aqui, ressalta-se a necessidade de se abstrair o conceito de Administração Pública dos Poderes Legislativo e Judiciário, que têm outras atribuições típicas definidas constitucionalmente. Portanto, trata-se aqui do controle das atividades administrativas.

Seguindo-se, então, recorre-se, inicialmente, ao parágrafo único do art. 1º da Constituição, que estabelece que todo o poder do Estado emana do povo, que o exerce por meio de representantes eleitos ou diretamente, nos termos definidos na própria Constituição. Ora, sem seguir nada além dos três primeiros artigos da Constituição já é possível se ver de forma cristalina que o voto é o principal instrumento de controle da Administração Pública, podendo e devendo bem selecionar os representantes dos Poderes Legislativo e Executivo. Ressalte-se que, ainda que indiretamente, foi o voto que definiu os afastamentos do então Presidente Collor de Melo, da então Presidente Dilma Rousseff e hoje define o afastamento do governador eleito do Rio de Janeiro Wilson Witzel. Ademais, não são os representantes do povo, escolhidos pelo voto direto e secreto, que decidem sobre infrações político-administrativas e criminais que podem implicar no *impeachment* de autoridades dos Poderes Legislativo, Executivo e Judiciário?

Mais à frente, no inciso LXXIII do art. 5º, vê-se que qualquer cidadão é parte legítima para propor ação popular que vise anular ato lesivo ao patrimônio público ou de entidade de que o Estado participe, à moralidade administrativa, ao meio ambiente e ao patrimônio histórico

---

[76] BRASIL. [Constituição (1988)]. *Constituição da República Federativa do Brasil*. Brasília: Senado Federal; Coordenação de Edições Técnicas, 2020.

O CONTROLE DA ADMINISTRAÇÃO PÚBLICA NO BRASIL | 69

e cultural, ficando o autor, salvo comprovada má-fé, isento de custas judiciais e do ônus de sucumbência.[77]

Continuando, agora em razão do disposto no §3º do art. 5º, combinado com as disposições trazidas no Decreto nº 592, de 6 de julho de 1992, e no art. 25 do Pacto Internacional sobre Direitos Políticos e Civis, enxerga-se que são direitos fundamentais do cidadão brasileiro: participar da condução dos assuntos públicos, diretamente ou por meio de representantes livremente escolhidos; votar e de ser eleito em eleições periódicas, autênticas, realizadas por sufrágio universal e igualitário e por voto secreto, que garantam a manifestação da vontade dos eleitores; ter acesso, em condições gerais de igualdade, às funções públicas. Um pouco mais à frente, as disposições sobre os direitos políticos asseguram o que já foi mencionado.[78]

Adiantando-se na leitura do texto constitucional, infere-se a necessária participação do cidadão para cumprimento das disposições contidas na alínea "e" do inciso VII do art. 34 e inciso III do art. 35. Em ambos os casos, será o cidadão a fomentar a denúncia devida.[79]

Agora, resgatando-se um pouco do histórico da redemocratização do país, vê-se que foi a partir desse novo rumo, bem guiado pela Carta Constitucional de 1988, que se iniciou a concepção de um modelo estatal admitindo a participação popular, soerguendo-se gradativamente essa participação na gestão, na fiscalização, no monitoramento e no controle das ações da Administração Pública. Consolidava-se o controle social, popular, para caracterizar ações em que o cidadão provoca o procedimento de controle para proteger seus próprios interesses ou da coletividade.

Materializou-se o controle social como um instrumento essencialmente democrático no qual há a participação dos cidadãos no exercício do poder, colocando a vontade social como fator de avaliação e controle de metas, políticas públicas, enfim, das atividades administrativas como um todo. Assim, individualmente ou associados, os cidadãos foram alimentados de remédios e do suporte constitucionais para também melhor prover o controle da Administração Pública.

---

[77] BRASIL. [Constituição (1988)]. *Constituição da República Federativa do Brasil*. Brasília: Senado Federal; Coordenação de Edições Técnicas, 2020.

[78] BRASIL. [Constituição (1988)]. *Constituição da República Federativa do Brasil*. Brasília: Senado Federal; Coordenação de Edições Técnicas, 2020.

[79] BRASIL. [Constituição (1988)]. *Constituição da República Federativa do Brasil*. Brasília: Senado Federal; Coordenação de Edições Técnicas, 2020.

Assim, quanto mais o cidadão participa das questões governamentais, amadurecendo o controle social, mais lhe advêm benefícios, como o maior alcance na aplicação dos recursos públicos, construção de decisões mais participativas, maior compartilhamento de responsabilidades, maior rigor no controle do gasto, maior garantia de serviços públicos de qualidade, maior orientação e fiscalização nas ações do Estado, maior eficiência da Administração Pública decorrente de mais ações na prevenção, controle e repressão à corrupção.

Nesse novo padrão de relacionamento entre Estado e sociedade, espera-se uma divisão de deveres, principalmente em setores envolvendo moradia, bem-estar social, proteção ambiental, educação e planejamento urbano, de forma a garantir maior integralização entre ambos.[80]

Passada essa primeira abordagem, mas ainda percorrendo as disposições constitucionais, observa-se que na organização dos Poderes o primeiro retratado é o Poder Legislativo, o que se interpreta decorrer da maior importância de sua competência, essa derivada do fato de representar amplamente a população, de irrestritamente poder falar em nome da sociedade e de ser a garantia da governabilidade.

No âmbito desse Poder, apreciando as competências exclusivas do Congresso Nacional, com especial atenção ao conteúdo deste tópico, extraem-se as seguintes: (1) julgar anualmente as contas prestadas pelo Presidente da República e apreciar os relatórios sobre a execução dos planos de governo (inciso IX do art. 49); (2) fiscalizar e controlar, diretamente ou por qualquer de suas Casas, os atos do Poder Executivo, incluídos os da Administração indireta (inciso X do art. 49). Mais à frente, no art. 50, tem-se que a Câmara dos Deputados e o Senado Federal, ou qualquer de suas Comissões, poderão convocar Ministro de Estado ou quaisquer titulares de órgãos diretamente subordinados à Presidência da República para prestarem, pessoalmente, informações sobre assunto previamente determinado, importando crime de responsabilidade a ausência sem justificação adequada. Observou-se, ainda, agora como competências privativas, que a Câmara dos Deputados pode "tomar as contas" do Presidente da República, quando não apresentadas ao Congresso Nacional dentro de sessenta dias após a abertura da sessão legislativa (art. 51, II) e que competem ao Senado Federal:

---

[80] Contextualizado a partir do conteúdo de SANDEL, Michael J. *Justiça*: o que é fazer a coisa certa. Tradução: Heloísa Matias e Maria Alice Máximo. 14. ed. Rio de Janeiro: Civilização Brasileira, 2014, das campanhas pelo voto consciente e com o conteúdo simples da Cartilha de Educação Política dos Embaixadores da Democracia (disponível em: https://votoconsciente. org.br/wpcontent/uploads/Cartilha_EducacaoPolitica_2021_Digital_13.pdf; acesso em: 14 nov. 2021).

O CONTROLE DA ADMINISTRAÇÃO PÚBLICA NO BRASIL | 71

processar e julgar o Presidente e o Vice-Presidente da República nos crimes de responsabilidade, bem como os Ministros de Estado e os Comandantes da Marinha, do Exército e da Aeronáutica nos crimes da mesma natureza conexos com aqueles; ainda, processar e julgar os Ministros do Supremo Tribunal Federal, os membros do Conselho Nacional de Justiça e do Conselho Nacional do Ministério Público, o Procurador-Geral da República e o Advogado-Geral da União nos crimes de responsabilidade.[81]

Ao se tratar dos atos de índole contábil, financeira, orçamentária, operacional e patrimonial da União e das entidades da Administração direta e indireta, quanto a legalidade, legitimidade, economicidade, aplicação das subvenções e renúncia de receitas, tem-se uma fiscalização compartilhada pelo Poder Legislativo (Congresso Nacional), mediante controle externo, e pelo sistema de controle interno de cada Poder (art. 70). Destaca-se que não se deixou qualquer dúvida que é o Poder Legislativo o titular do controle externo da Administração Pública.[82]

Até esse ponto da Constituição, expressa-se com clareza que o controle da Administração Pública cabe primeiramente aos cidadãos brasileiros, ao Poder Legislativo, externamente, e a todos os Poderes, mediante controle interno.

No art. 71, porém, o texto constitucional apresentou, para o controle externo dos atos administrativos de índole contábil, financeira, orçamentária, operacional e patrimonial da União e das entidades da Administração direta e indireta, um órgão constitucional, independente, de auxílio ao Poder Legislativo, o Tribunal de Contas da União (TCU). Logicamente que esse suporte técnico especializado ao Poder Legislativo era necessário, e o legislador constituinte sabia disso, pois era certa a diversidade dos parlamentares a representar o povo brasileiro e nem sempre com a formação adequada para entender, compreender e opinar nesses temas.[83]

Observa-se que os incisos que compõem o art. 71 expressam as competências do Tribunal de Contas da União e são claros ao ressaltar a titularidade do controle externo pelo Poder Legislativo e sua "dependência" do apoio do órgão técnico de contas. Até aspectos

---

[81] BRASIL. [Constituição (1988)]. *Constituição da República Federativa do Brasil*. Brasília: Senado Federal; Coordenação de Edições Técnicas, 2020.

[82] BRASIL. [Constituição (1988)]. *Constituição da República Federativa do Brasil*. Brasília: Senado Federal; Coordenação de Edições Técnicas, 2020.

[83] BRASIL. [Constituição (1988)]. *Constituição da República Federativa do Brasil*. Brasília: Senado Federal; Coordenação de Edições Técnicas, 2020.

relevantes do governo – Poder Executivo – prestados contas anualmente somente poderão ser julgados pelo Poder Legislativo mediante parecer prévio emitido pelo precitado Tribunal (inciso I, art. 71).[84]

Destarte, é relevante se deixar claro que já no inciso seguinte o legislador constituinte tratou de garantir a independência do Tribunal de Contas para o seu mister, pois lhe incumbiu a competência de "julgar as contas dos administradores e demais responsáveis por dinheiros, bens e valores públicos da administração direta e indireta, incluídas as fundações e sociedades instituídas e mantidas pelo Poder Público federal, e as contas daqueles que derem causa a perda, extravio ou outra irregularidade de que resulte prejuízo ao erário público"; portanto, incluídos até mesmo os administradores do Poder Legislativo.[85]

Os outros incisos do artigo retratam a já mencionada importância do Tribunal de Contas. No entanto, é preciso se deixar claro que a expressa função judicante dessa Corte de Contas não faz coisa julgada administrativa (combine-se o inciso I do art. 71 com o inciso XXXV do art. 5º).[86]

Assim, diante do que foi exposto na defesa dos argumentos trazidos até o momento, some-se a disposição trazida no inciso XI do art. 71, que traz insculpido o poder-dever do Tribunal de Contas de "representar ao Poder competente sobre irregularidades ou abusos apurados", onde nele se complementará o efetivo e direito processo de controle.[87]

Destaca-se que tudo o que foi aqui defendido se aplica a Estados e municípios, por simetria, observando-se apenas a particular formatação do Legislativo.

Tratando-se agora da atuação do Poder Judiciário no controle da Administração Pública, deve-se, já prontamente, esclarecer que a jurisdição, de forma ampla e irrestrita, é inerte. Apenas no exercício do controle interno das suas próprias atividades administrativas e financeiras o referido Poder age de ofício. Destarte, ainda no âmbito de suas atividades administrativas, há de se referenciar o controle externo a cargo do Conselho Nacional de Justiça (CNJ), na conformidade das

---

[84] BRASIL. [Constituição (1988)]. *Constituição da República Federativa do Brasil*. Brasília: Senado Federal; Coordenação de Edições Técnicas, 2020.

[85] BRASIL. [Constituição (1988)]. *Constituição da República Federativa do Brasil*. Brasília: Senado Federal; Coordenação de Edições Técnicas, 2020.

[86] BRASIL. [Constituição (1988)]. *Constituição da República Federativa do Brasil*. Brasília: Senado Federal; Coordenação de Edições Técnicas, 2020.

[87] BRASIL. [Constituição (1988)]. *Constituição da República Federativa do Brasil*. Brasília: Senado Federal; Coordenação de Edições Técnicas, 2020.

disposições constitucionais trazidas no *caput* do art. 103-B e de seus parágrafos, especialmente do §4º.

Portanto, carece o Poder Judiciário de provocação para promover qualquer controle da Administração Pública, podendo essa se dar por meio de um cidadão, associação, sindicato, partido político, vereador, deputado, senador, de um Tribunal de Contas, da Defensoria Pública ou do Ministério Público, que é o meio mais comum, quando esse age para tutelar a "proteção do patrimônio público e social, do meio ambiente e de outros interesses difusos e coletivos" (art. 129, III).

Assim, cuida-se em ressaltar, novamente, a importância da atuação do cidadão para o efetivo controle da Administração Pública e, de oportunamente destacar, nesse mesmo sentido, a necessidade de uma atuação mais ativa e efetiva do Ministério Público, que certamente é um órgão essencial à justiça e ao bom controle da Administração Pública. Observa-se, ainda, que o controle externo da atividade policial deve ser exercido de ofício por esse órgão ministerial.

Com as prerrogativas e princípios institucionais oriundos da Constituição Federal de 1988, o órgão ganhou roupagem que passou a permitir atuação forte, inclusive, em face dos demais Poderes constituídos. Se, antes, o Ministério Público se constituía de promotores públicos e tinha como missão a defesa dos interesses do Estado, com a nova Carta Magna foi realçado o seu papel de defensor dos interesses da sociedade, fiscal da lei, sendo mais adequada a terminologia reconhecida na Constituição de promotores de justiça. Tais prerrogativas, longe de se traduzir em privilégio classista, revela um arcabouço de garantias aos seus membros indispensável ao cumprimento do seu mister, sendo dentre elas as mais importantes: a vitaliciedade e a inamovibilidade. Além é claro dos princípios constitucionais da unidade e da indivisibilidade, que forjam a estrutura de um órgão de completa independência funcional.

Não se pode esquecer que pela sua ampla capilaridade, seu próprio *layout* de atuação institucional, é o membro do Ministério Público que primeiramente sente da coletividade a necessidade de controlar a Administração Pública e que certamente tem poderes para agir conforme a lei que todos devemos preservar.

CAPÍTULO 5

CONTROLES: MODELOS MAIS ADEQUADOS, APLICAÇÕES MAIS INTELIGENTES

Como sustentado anteriormente, o ser humano somente se realiza plenamente vivendo em sociedades e isso é determinante para o assentimento da figura do Estado e, consequentemente, dos governos e dos Poderes do Estado. Nesse cenário de concepção humana, harmônicos, independentes e com competências diversas, esses Poderes se autolimitariam por meio de "freios e contrapesos".

Nos Estados democráticos, especialmente naqueles que valorizam majoritariamente a lei, embora imperfeita, essa concepção é a que temos de mais aceitável. Sua defesa encontra-se historicamente sustentada em bons argumentos, porém, sempre a requerer implicitamente a maior participação do cidadão nas discussões e controle das questões governamentais. Não podemos esquecer, jamais, da defesa de que os "homens são capazes de se dar a si mesmos um bom governo por própria reflexão e escolha".[88]

Nesse sentido, entende-se como oportunas as reflexões trazidas por Madison no livro *O federalista* quando aduz: "Mas o que é o próprio governo, senão a maior das críticas à natureza humana? Se os homens fossem anjos, não seria necessário governo algum. Se os homens fossem governados por anjos, o governo não precisaria de controles externos nem internos".[89]

---

[88] Contextualizado a partir do conteúdo do seguinte livro: SANDEL, Michael J. *Justiça*: o que é fazer a coisa certa. Tradução: Heloísa Matias e Maria Alice Máximo. 14. ed. Rio de Janeiro: Civilização Brasileira, 2014.

[89] Formulado a partir do livro *O federalista*, escrito pelos cidadãos de Nova York Alexander Hamilton, James Madisson e John Jay, traduzido para o português por Tomo Segundo, Rio de Janeiro, 1840. Registro na página 218 do volume 2, que se encontra na biblioteca virtual da Câmara (BRASIL. Biblioteca Digital da Câmara dos Deputados. O federalista.

Portanto, participação cidadã e adequados controles externos e internos são essenciais ao Estado Democrático de Direito apto a assegurar o exercício dos direitos sociais e individuais, a liberdade, a segurança, o bem-estar, o desenvolvimento, a igualdade e a justiça como valores supremos de qualquer sociedade.

Mas o que efetivamente importa no controle? Em que consiste a participação cidadã no controle da Administração Pública? Quais são os controles mais adequados? No âmbito do controle da Administração Pública, há aplicações "inteligentes"?

5.1 O que efetivamente importa no controle

Controlar significa fiscalizar, monitorar, impor vigilância constante e responsável. Traz implícito um sentimento de conter e regular abusos.

Quando relacionado à Administração Pública, há muitas definições na doutrina. Di Pietro (2003, p. 599), por exemplo, bem defende que "o controle constitui poder-dever dos órgãos a que a lei atribui essa função, precisamente pela sua finalidade corretiva; ele não pode ser renunciado nem retardado, sob pena de responsabilidade de quem se omitiu".[90]

Com destaque, dentre muitos entendimentos para o controle da Administração Pública, associa-se, especialmente, com a ideia da precitada autora de que o controle existe para corrigir. Enxerga-se, portanto, que todo e qualquer processo de controle tem sempre a finalidade de se corrigir rumos, contendo e regulando abusos, especialmente dos atos ilegais e, em certa medida, dos inconvenientes e inoportunos. O olhar presente, fundado no gerenciamento dos riscos, deve indicar os caminhos para o melhor tempo futuro.

Até quando teremos de aceitar isso?

2021. Disponível em: https://bd.camara.leg.br/bd/handle/bdcamara/17661. Acesso em: 14 nov. 2021).

[90] DI PIETRO, Maria Sylvia Zanella. *Direito administrativo*. 15. ed. São Paulo: Atlas, 2003.

Figura 7 – Reportagens diversas sobre corrupção retiradas da internet

Fonte: João Souza (2021, *on-line*) e *O Globo* (2021, *on-line*).

Não importa se controle administrativo, legislativo ou jurisdicional, se interno ou externo, de legalidade ou de mérito, prévio, concomitante ou posterior, o controle adequado sempre deverá implicar aperfeiçoamentos.

Deve-se ter em mente que o controle existe para potencializar a defesa da verdadeira ordem constitucional, da lei, da responsabilidade fiscal, da probidade e do enfrentamento à corrupção.

Na prática, sob todas as suas formas, o controle deve cuidar para a execução correta, ética, transparente, econômica, eficiente, eficaz e efetiva das atividades e operações públicas, do cumprimento das leis e regulamentos pelos governos, gestores e demais agentes públicos, de minimizar os riscos de desperdícios, abusos ou danos no emprego de bens e valores públicos e do cumprimento das prestações de contas, pois a "sociedade tem o direito de pedir conta a todo agente público de sua administração" (art. 15, DDHC – 1789).[91]

Oportunamente, cuida-se em chamar atenção ao fato de que tanto a Administração como o seu controle devem se assentar firmemente nos princípios constitucionais administrativos, jamais podendo se admitir o controle conduzido em detrimento da legalidade ou da moralidade.

---

[91] Vide DECLARAÇÃO de direitos do homem e do cidadão. França, 26 de agosto de 1789. Disponível em: http://www.direitoshumanos.usp.br/index.php/Documentos-anteriores-%C3%A0-cria%C3%A7%C3%A3o-da-Sociedade-das-Na%C3%A7%C3%B5es-at%C3%A9-1919/declaracao-de-direitos-do-homem-e-do-cidadao-1789.html. Acesso em: 14 nov. 2021.

5.2 Participação cidadã no controle da Administração Pública

Antes de qualquer coisa, faz-se aqui a defesa da transparência pública como a porta de entrada para o controle social. É ela que determinará positivamente uma nova relação entre o Estado e a sociedade, na qual prevenção e controle são instrumentos legítimos para consolidar a democracia.[92]

A transparência pública e o controle social são colunas de sustentação da participação cidadã nas questões governamentais. Alicerçada nessas colunas, "a atuação conjunta entre governo e sociedade pode resultar em valiosos ganhos econômicos, sociais e culturais".[93]

Para o especialista em orçamento público Lúcio Evangelista, "os ganhos econômicos são os advindos dos recursos que o controle social pode evitar que sejam escoados pela corrupção. Os ganhos sociais advêm da elevação da qualidade dos serviços prestados à população pela Administração Pública e da melhora dos indicadores sociais relativos à saúde e à educação. Os ganhos culturais advêm do fortalecimento de valores importantes para a cidadania, como a responsabilidade sobre a coisa pública".[94]

Então, num Estado Democrático, onde o voto legitima o comando, e a cidadania a obediência, o cidadão pode e deve acompanhar o planejamento e a execução da aplicação dos recursos e, de forma organizada, interferir nas tomadas de decisão. Isso é essencial.

É o cidadão que deve se organizar e garantir que a gestão pública seja legal, impessoal, moral, transparente, verdadeiramente pública, eficiente e, ainda, excelente, sendo os fundamentos dessa excelência os seguintes: (1) pensamento sistêmico; (2) aprendizado organizacional; (3) cultura da inovação; (4) liderança e constância de propósitos; (5) gestão baseada em processos e informações; (6) visão de futuro; (7) geração

---

[92] Contextualizado a partir dos argumentos trazidos na dissertação de Lúcio Evangelista apresentada ao Programa de Pós-Graduação e Pesquisa para obtenção do título de Especialista em Orçamento Público com o título *Controle social versus transparência pública: uma questão de cidadania* (Brasília, 2010).

[93] Contextualizado a partir dos argumentos trazidos na dissertação de Lúcio Evangelista apresentada ao Programa de Pós-Graduação e Pesquisa para obtenção do título de Especialista em Orçamento Público com o título *Controle social versus transparência pública: uma questão de cidadania* (Brasília, 2010).

[94] Contextualizado a partir dos argumentos trazidos na dissertação de Lúcio Evangelista apresentada ao Programa de Pós-Graduação e Pesquisa para obtenção do título de Especialista em Orçamento Público com o título *Controle social versus transparência pública: uma questão de cidadania* (Brasília, 2010).

de valor; (8) comprometimento das pessoas; (9) foco no cidadão e na sociedade; (10) desenvolvimento de parcerias; (11) responsabilidade social; (12) controle social; (13) gestão participativa.[95]

Como pensamento sistêmico entenda-se aquele que se volta ao todo e, de forma interdependente, percebe todos os fatos e pessoas como interligados. Fundamenta o aprendizado organizacional – governo, gestão, lideranças e liderados – sempre com o propósito de constante aperfeiçoamento.[96]

Com essa visão sistêmica e do melhor tempo futuro, motivados por avaliações, direcionamentos e monitoramentos constantes, com participação da sociedade e orientação a dados e informações, busca-se o comprometimento de todos no planejamento, na execução e no controle das políticas públicas. Observa-se que em favor do todo devem convergir também as parcerias e uma maior responsabilidade social com os cidadãos mais vulneráveis.[97]

Quanto mais republicana for a relação entre o cidadão e o Estado, mais serão eficientes e eficazes o uso dos recursos, a prevenção ao desperdício, à fraude e à corrupção, e a entrega de serviços públicos de qualidade; mais se materializam esses fatores como resultados promovidos pela Administração Pública.

Convém ressaltar também que a revolução digital hoje percebida facilmente, com a abundância de dados e informações, redes sociais, disponibilização de *softwares open source* e tecnologias *mobile*, tem fortalecido enormemente o cidadão e, consequentemente, o controle social. A criação e a disponibilização de aplicativos cívicos têm dinamizado a participação cidadã no controle da Administração Pública.

5.3 Controles mais adequados

Como já defendido anteriormente, em qualquer Estado Democrático o controle da Administração Pública cabe, primeiramente, aos seus administrados, cidadãos, à própria Administração mediante

---

[95] *Vide* ENAP – ESCOLA NACIONAL DE ADMINISTRAÇÃO PÚBLICA. Modelo de Excelência em Gestão dos Órgãos e Entidades que Operam Transferências da União – MEG-Tr. 2021. Disponível em: https://www.escolavirtual.gov.br/curso/213. Acesso em: 14 nov. 2021.

[96] *Vide* ENAP – ESCOLA NACIONAL DE ADMINISTRAÇÃO PÚBLICA. Modelo de Excelência em Gestão dos Órgãos e Entidades que Operam Transferências da União – MEG-Tr. 2021. Disponível em: https://www.escolavirtual.gov.br/curso/213. Acesso em: 14 nov. 2021.

[97] *Vide* ENAP – ESCOLA NACIONAL DE ADMINISTRAÇÃO PÚBLICA. Modelo de Excelência em Gestão dos Órgãos e Entidades que Operam Transferências da União – MEG-Tr. 2021. Disponível em: https://www.escolavirtual.gov.br/curso/213. Acesso em: 14 nov. 2021.

controle interno e aos Poderes Legislativo e Judiciário mediante controle externo.

Portanto, no mundo, os controles mais adequados estão naqueles países em que os seus agentes de controle desenvolvem efetivamente seu papel social, principalmente naqueles que já bem ajustaram a relação entre o Estado e a sociedade, plantando e cultivando há mais tempo a participação cidadã nas questões governamentais, o fortalecimento do controle social. Onde há um maior valor cultural para a cidadania e de responsabilidade com a "coisa pública", não se construindo um abismo entre os cidadãos e os agentes políticos, uma democracia de "excelências". Nesse cenário, a democracia esperada e desejada é certamente aquela sem "excelências", fomentadora da justiça social.[98]

Ali, os cidadãos buscam valorizar a congruência entre suas palavras e ações, promovendo a ética, a honra e a educação como exercícios da vida cotidiana. A integridade é fundamento da vida coletiva. Não! Não se trata de uma sociedade de anjos. Também ali se convive com defeitos morais, mas o próprio controle social impõe, na sua justa medida, a sanção.[99]

É também nesses países que os controles internos – nos âmbitos público e privado –, já valorizados pela integridade de seus agentes, dão mais verdadeiro valor e sentido aos conceitos de *accountability* e *compliance*. Implícitos nesses conceitos entendam-se, respectivamente: o sentimento de bem prestar contas à sociedade segundo seus regulamentos e requerimentos, com ética e transparência das ações, metas e resultados; a internalização na cultura organizacional para a valorização das leis, normas e regulamentos, com seus cumprimentos, buscando essencialmente prevenir, combater e reprimir qualquer desvio.

É nesse ambiente de negócios, públicos ou privados, que gestores operacionais definem, estabelecem e mantêm rotinas diárias de controles, seguindo-se, posteriormente, sob o crivo de adequadas estruturas de gestão de riscos, a garantia de conformidade, mas ainda ao final submetidos a avaliações mais abrangentes e independentes em razão do propósito organizacional.

Quanto ao controle externo, na medida das competências do Legislativo e Judiciário, há de apontar o suporte de apoio dos sistemas de

---

[98] Formulado em harmonia com os argumentos trazidos no livro *Suécia: um país sem excelências e mordomias*, escrito pela jornalista Cláudia Wallin (2. ed., 2017).

[99] Contextualizado a partir do conteúdo do seguinte livro: SANDEL, Michael J. *Justiça*: o que é fazer a coisa certa. Tradução: Heloísa Matias e Maria Alice Máximo. 14. ed. Rio de Janeiro: Civilização Brasileira, 2014.

CONTROLES: MODELOS MAIS ADEQUADOS, APLICAÇÕES MAIS INTELIGENTES | 81

auditorias-gerais (ou controladorias-gerais) e Tribunais de Contas, ambos surgidos na Europa, mas a influenciar a organização de quase todos os Estados nacionais. De forma diametralmente opostas, diferem-se, essencialmente, o primeiro, por representarem órgãos singulares, e o segundo, órgãos colegiados.[100]

As auditorias ou controladorias-gerais predominam nos países de tradição anglo-saxônica (Reino Unido, Estados Unidos, Canadá, Austrália, Áustria, Israel, Nova Zelândia etc.), e os Tribunais de Contas, nos países de tradição latina (Portugal, França, Espanha, Itália, Brasil, Argentina, Uruguai etc.). Há exceções, por exemplo, a Venezuela, que, pressionada externamente pelo Fundo Monetário Internacional (FMI), adotou o modelo de auditoria-geral.[101]

No sistema de auditorias-gerais (ou controladorias-gerais), os órgãos são singulares, vinculados e em regra bem próximos do Poder Legislativo, sem função judicante, com foco no controle gerencial (economia, eficiência, eficácia, efetividade e excelência) e valorização da relação entre o custo e o resultado alcançado. Não se verificou qualquer órgão dessa natureza vinculado ao Poder Judiciário.

Por sua vez, no sistema Tribunais de Contas os órgãos são colegiados e conduzidos por um "presidente". Em regra, vinculados ao Poder Legislativo (há exceções com vinculação ao Poder Judiciário – Portugal e Grécia), com função judicante e foco no controle da legalidade (conformidade).[102]

Nos Estados Unidos, o Government Accountability Office (GAO), criado em 1921, é o órgão de auditoria geral que auxilia o Poder Legislativo americano nas auditorias, avaliações e investigações das contas públicas. Suas recomendações e determinações são expressas por meio do próprio Poder Legislativo proporcionando mais eficácia ao controle. São satisfatórios os seus resultados.[103]

Na França, que há muito convive com Cortes de Contas, aperfeiçoadas numa marcante evolução histórica que se iniciou ainda no século XIII, o atual modelo de Tribunal de Contas faz coisa julgada administrativa em matéria de contas públicas e permite avaliação e

---

[100] BROWN, R. J. *Controle externo da Administração Pública Federal no Brasil*: o TCU – uma análise jurídico-administrativa. Rio de Janeiro: América Jurídica, 2002.

[101] BROWN, R. J. *Controle externo da Administração Pública Federal no Brasil*: o TCU – uma análise jurídico-administrativa. Rio de Janeiro: América Jurídica, 2002.

[102] BROWN, R. J. *Controle externo da Administração Pública Federal no Brasil*: o TCU – uma análise jurídico-administrativa. Rio de Janeiro: América Jurídica, 2002.

[103] *Vide* GAO – U.S. GOVERNMENT ACCOUNTABILITY OFFICE. *Site* institucional. 2021. Disponível em: https://www.gao.gov/. Acesso em: 14 nov. 2021.

apreciação das políticas públicas. Em linhas mais gerais, fiscaliza e controla a conformidade da gestão pública, a regularidade das contas, aprecia a liquidação de despesas e sua adequação com as normas vigentes. Também aproximada do Poder Legislativo, a Corte de Contas francesa também socorre esse Poder em seus trabalhos de auditoria.[104]

De toda sorte, importa refletir que não há no mundo um sistema de controle infalível, perfeito, acabado, mas, sim, construções em constante evolução para atendimento às realidades locais e ao momento histórico presente. Não se pode criar expectativas para o melhor controle sem participação e envolvimento da sociedade e dos singulares membros promotores da justiça.

No Brasil, a configurada constitucionalização de um modelo de controle institucional misto (controle externo mais controle interno), com maior e mais efetiva participação da sociedade, fortalecidos com a atuação conjunta dos Ministérios Públicos, tenderia a se constituir num bom exemplo de controle da Administração Pública para o mundo.

5.4 Controle da Administração Pública: aplicações "inteligentes"

Quando a engenhosidade humana é motivada e posta à disposição das sociedades, não há limites para soluções "inteligentes", quaisquer que sejam os problemas.

De certo, exemplos não faltam. São encontrados no mundo inteiro, especialmente aqueles que somam e agregam a rede mundial de computadores, a inteligência computacional e a engenharia de *softwares* nas soluções postas na palma da mão dos cidadãos com tecnologias digitais multiplataformas (Android, iOS e HTML).

Com a consolidação da revolução digital e as pessoas interagindo cada vez mais mediante seus celulares, os aplicativos para esses aparelhos estão cada vez mais disponíveis, encontrando-se soluções amplas, comerciais, gratuitas, cívicas, educacionais etc. É nesse cenário que se têm de perceber, ajustar e buscar soluções inteligentes para a promoção do melhor controle e aperfeiçoamento da Administração Pública.

De pronto, defende-se que para se promover o melhor controle da Administração Pública em favor da sociedade é preciso se cobrar mais amplamente a transparência pública e a abertura dos dados,

---

[104] *Vide* COUR DES COMPTES. History. 2021. Disponível em: https://www.ccomptes.fr/en/who-we-are-and-what-we-do/history. Acesso em: 14 nov. 2021.

especialmente para que eles sejam os motivadores dessa referida e enaltecida engenhosidade.

Ressalte-se que o governo federal brasileiro institucionalizou um "Portal de Dados Abertos (https://dados.gov.br)" e, em 2019, mediante o Decreto Federal nº 9.756, de 11 de abril, instituiu o portal único "gov. br" – nele estabeleceu diretriz para a reunião de aplicativos móveis de governo em um único ambiente virtual. Faltam os governos estaduais e municipais.[105]

A conta oficial do Governo do Brasil disponibiliza 75 aplicativos gratuitos nas lojas Play Store (Google) e App Store (Apple), todos ofertados com a garantia de serem oficiais e seguros. Desde julho de 2019, foram 20 milhões de *downloads*. Dentre os aplicativos disponíveis estão a CNH Digital, o Meu INSS e, mais recentemente, o Coronavírus-SUS.

Em todo o Brasil, crescem iniciativas promotoras da abertura de dados, da criação e disponibilização de aplicativos cívicos. Denominadas HackFest ou Hachathon, maratonas envolvendo programadores, estudantes e profissionais ligados ao desenvolvimento de *softwares*, graduandos de diversas áreas, gestores e servidores públicos estão sendo realizadas para o desenvolvimento de ideias para futuros aplicativos cívicos, sendo exemplos expressivos de cidadania. Bons exemplos de sucesso dessas iniciativas são os aplicativos *#Vidinha de Balada* (*software* que permite acompanhar os gastos dos políticos, suas vantagens pessoais, utilizando o humor para categorizar o perfil de cada político), *#PaCiente* (aplicativo que pretende captar as queixas da população com os serviços de saúde, permitindo o georreferenciamento das unidades de saúde e sua classificação de acordo com as reclamações dos usuários) e *#Caça Fantasma*, que permite o cidadão fiscalizar e identificar empresas fantasmas que contratam com o Poder Público, através do cruzamento de dados de licitação e georreferenciamento do endereço das empresas.[106] Em 2018, na maratona HackFest em João Pessoa (Paraíba), com o tema "Por uma sociedade politicamente participativa", doze equipes foram premiadas, e diversos aplicativos cívicos foram ofertados, como o *#Pra elas*, que visa garantir a prevenção ou resolução de casos de assédio sexual nos transportes públicos, *#Cadê meu remédio*, que tem o objetivo

---

[105] BRASIL. *Decreto nº 9.756, de 11 de abril de 2019*. Institui o portal único "gov.br" e dispõe sobre as regras de unificação dos canais digitais do Governo federal. Brasília, DF: Presidência da República, 2019. *Vide* BRASIL. Portal Brasileiro de Dados Abertos. *Site* institucional. 2021. Disponível em: https://dados.gov.br. Acesso em: 14 nov. 2021.

[106] *Vide link* para edições anteriores em HACKFEST. *Site* institucional. 2021. Disponível em: http://hackfest.com.br/. Acesso em: 14 nov. 2021.

de ajudar o cidadão a saber quais medicamentos são distribuídos gratuitamente, onde encontrá-los e se estão disponíveis ou não, para identificar desvios ou falta de entrega pelo poder público; e *#Lupa na Toga*, aplicativo que mostra e analisa todos os auxílios e diárias recebidos pelos magistrados brasileiros.[107]

Figuras 8 e 9 – Registros fotográficos da maratona HackFest de 2018 em João Pessoa, Paraíba (área interna)

Fonte: José Inaldo de Oliveira e Silva (autor).

Numa iniciativa que deve ser imitada por outras instituições públicas, o Tribunal de Contas da União lançou recentemente a Nuvem Cívica, "uma proposta estruturante que visa facilitar e potencializar a ação dos diversos atores no ecossistema nascente de aplicativos cívicos. Ela busca trazer os dados abertos para mais perto do desenvolvedor de tecnologias cívicas por meio de *webservices* que disponibilizam dados relacionados a diversos temas do Governo. Também oferece um ambiente gratuito de hospedagem dos dados gerados pelos aplicativos".

Sandryne Bernardino, numa pesquisa de mestrado, bem retratou a *cidadania na ponta dos dedos*, demonstrando um panorama por meio de aplicativos cívicos no Brasil. A autora declarou "interessante observar a importância que uso dos dados governamentais abertos (DGA) tem para o desenvolvimento da cidadania digital no Brasil, pois ficou claro que sem eles, a quantidade de aplicativos cívicos disponíveis no país seria muito menor". Seguindo, defendeu que esse seria um aspecto que "precisa ser incentivado à continuidade, pois depende de políticas

---

[107] Vide DOZE projetos de combate à corrupção são premiados no HackFest em João Pessoa. *G1* [*on-line*], Paraíba, 20 ago. 2018. Disponível em: https://g1.globo.com/pb/paraiba/noticia/2018/08/20/doze-projetos-de-combate-a-corrupcao-sao-premiados-no-hackfest-em-joao-pessoa.ghtml. Acesso em: 14 nov. 2021.

públicas que garantam a transparência e a disponibilização aberta dos dados públicos para o uso".[108]

Nas conclusões de seu trabalho, mereceram ser destacadas as seguintes afirmações:

[...]
Os aplicativos cívicos refletem uma memória alimentada por uma temática específica, porém formado por múltiplas realidades e voltadas para o mesmo fim: o exercício da cidadania digital. Assim, o panorama apresentado nessa pesquisa resume em sua essência a informação pública, a memória e a tecnologia, uma vez que compreende a comunicação e a visualização dessa memória coletiva como fenômeno da socialização do conhecimento dos cidadãos e das administrações públicas envolvidas por intermédio das tecnologias de informação e comunicação.
[...]
Assim, acredita-se verdadeiramente que a cidadania digital é um caminho sem volta na relação entre sociedade e Estado. É notório que as pessoas querem participar, que elas desejam falar e ser ouvidas e que a internet tem um papel fundamental nessa relação. O Estado precisa acolher essas demandas com novos modelos de governança digital e apresentar perspectivas reais de atendê-las, pois isso não é um favor ao cidadão, é um direito. E foi possível perceber que a Ciência da Informação pode colaborar de forma mais efetiva com o desenvolvimento da cidadania digital no Brasil por meio da organização, recuperação e disseminação desse tipo de informação pública, bem como com a visualização dessa memória coletiva construída por cidadãos interessados e engajados com o país, através dos mais diversos ambientes digitais, dentre eles os aplicativos cívicos em celulares smartphones.

Os argumentos e defesas sustentadas pela citada autora em sua dissertação se conformam com o que é defendido pelo Promotor de Justiça Octávio Celso, um dos idealizadores da HackFest, segundo o qual as "pessoas e entidades devem desenvolver uma mentalidade voltada para a curadoria dos algoritmos para que possam fazer uma melhor entrega de suas atividades".

Portanto, como dito aqui no início, exemplos não faltam no Brasil e no mundo inteiro. No entanto, são necessários mais estímulo e defesa

---

[108] *Vide* DOZE projetos de combate à corrupção são premiados no HackFest em João Pessoa. *G1* [*on-line*], Paraíba, 20 ago. 2018. Disponível em: https://g1.globo.com/pb/paraiba/noticia/2018/08/20/doze-projetos-de-combate-a-corrupcao-sao-premiados-no-hackfest-em-joao-pessoa.ghtml. Acesso em: 14 nov. 2021.

de que isso requer, transparência, participação e colaboração, apoiados na internet, nas redes sociais e na conectividade.

Associando-se a esses ideais, acredita-se que o controle externo mais inteligente é aquele que está assentado na palma da mão de cada cidadão desta nossa sociedade conectada, de forma entendível e interativa, em aplicativos cívicos e institucionais garantidores da participação cidadã nas questões governamentais e das suas cobranças por melhores resultados públicos.

CAPÍTULO 6

O CONTROLE FUNDADO NA INTELIGÊNCIA INSTITUCIONAL: INTEGRAÇÃO, COOPERAÇÃO E INTERDEPENDÊNCIA DE PAPÉIS

No capítulo anterior, fez-se a defesa da necessidade do "controle" nas sociedades humanas. Particularizou-se o controle da Administração Pública para que abusos e desvios fossem prevenidos, combatidos e evitados em favor do todo e de todos. Essencialmente, porém, defendeu-se aquele mais adequado, essencialmente prático e inteligente, no qual o cidadão e o Estado convergem esforços para o mesmo propósito da promoção do melhor interesse público.

Agora, discorrer-se-á com mais singularidade sobre o controle institucional, feito pelos próprios gestores públicos e entidades responsáveis pelos atos da Administração Pública, pelos órgãos específicos de controle interno de cada Poder e pelos órgãos de controle externo. A abordagem pretendida, no entanto, difere daquela geralmente posta nos livros que tratam do assunto, pois se argumentará sobre um controle institucional sistêmico, fundado em "inteligência", integração, cooperação e interdependência dos papéis dos órgãos integrantes, que se nutrem no saber e na colaboração social.

Antes de seguir, porém, aproveita-se para rememorar que por traz das instituições, dos órgãos, existem pessoas humanas que os fazem mover e espelhar a alma, e que quando essas pessoas são efetivamente servidores dos melhores anseios públicos, devem repousar sobre elas a esperança do desejado controle institucional. São, sim, essas pessoas que podem fazer, fazem e farão sempre a diferença.

Seguindo, esclarece-se que ao se defender um controle institucional sistêmico, fundado na "inteligência", aponta-se para um cenário de controle generalizado, em que todos os órgãos e instituições de controle estão de alguma forma unidos pelo mesmo propósito, orientados a dados e informações, desprovidos de quaisquer vaidades institucionais, valorizados nas suas *expertises*, e comungam esforço comum para requerer dos Poderes do Estado o acionamento da engrenagem de "freios e contrapesos", consoante se ilustra metaforicamente a seguir.

Figura 10 – Ilustração metafórica do controle sistêmico da Administração Pública

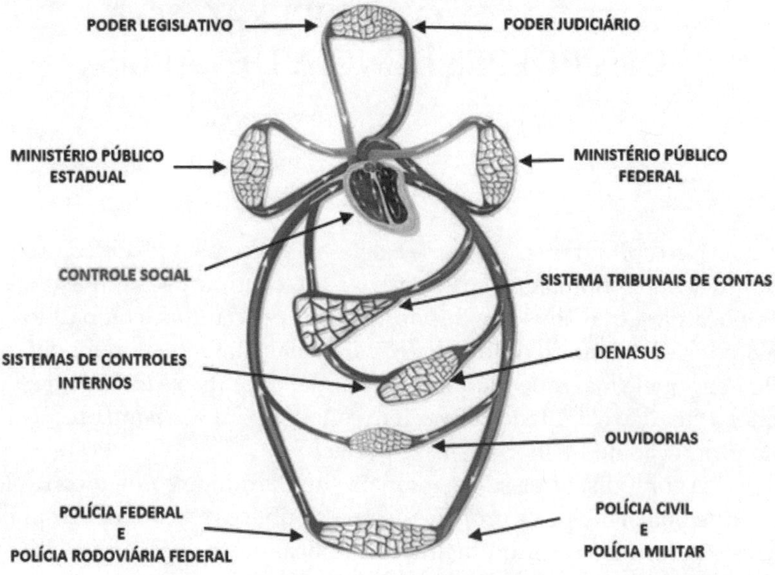

Fonte: elaborada pelos autores.

Todos estão interligados num sistema único, no qual informações úteis originárias especialmente da sociedade, a partir de notícias de fato, informes às Ouvidorias, denúncias e representações, e também decorrentes da automatização de trilhas de auditorias, busca inteligente de contextos, processamento de linguagem natural, aprendizagem de máquina supervisionada e robotização promovidos a partir dos dados disponíveis nas Controladorias e Tribunais de Contas são, logo processadas em favor do controle prévio (quando cabível), de célere procedimento administrativo cautelar, ou abastecem a engrenagem que move a inteligência promovida com a melhor técnica investigativa pelas Polícias e Ministérios Públicos para a necessária ação repressiva.

O desafio é garantir a saúde do Sistema, pois, quando esse vai bem, a prevenção à corrupção e ao desperdício de recursos públicos são os resultados alcançados.

Sustentar essa defesa significa compatibilizar o sistema de controle da Administração Pública inserto na Constituição de 1988, portanto, há mais de três décadas, apesar de suas emendas, ao nosso atual cenário social – onde tudo é muito instável, rápido, imprevisível, fora do controle, complexo e motivado por indivíduos conectados em redes, requerendo-se especial atenção ao Princípio Constitucional Administrativo da Eficiência. Amolda-o aos avanços das tecnologias da informação e comunicação que permitiram aos cidadãos acessar a tudo e a todos o tempo inteiro, trabalhar e produzir conhecimentos sem precisar das estruturas e permissões institucionais do Estado, sendo essencialmente mais informados e críticos.[109]

No cenário prático que se infere do controle institucional sistêmico, vislumbra-se uma atuação em REDE onde cada órgão integrante atua de forma exponencial ou procura atuar orientado a dados, guiando seus processos decisórios, suas ações e atividades em informações confiáveis e verificáveis, oriundas das mais diversas fontes, inclusive da participação da sociedade, mas, especialmente, pelas informações de inteligência para resultados melhores com menos esforços e dispêndios.

É o ponto de união pelo mesmo propósito que implica essa atuação em REDE e possibilita o adequado conhecimento das forças e fraquezas, oportunidades e ameaças que atuam no cenário individual de cada integrante dessa REDE, auxiliando a tomada de decisões estratégicas e operacionais em prol dos melhores resultados para o interesse do controle e da segurança da sociedade. Nesse tipo de atuação, é um por todos e todos por um.

A integração, cooperação e interdependência dos papéis dos órgãos também convergem para a atuação em REDE, onde esse nó de ligação, que marca o propósito comum, é ao mesmo tempo o marco da interdependência dos papéis institucionais. É nessa ligação estreita que se viabilizam as melhores decisões de controle para enfrentamento à corrupção e à lavagem de capital, compactuando *expertises* e avançadas técnicas, por exemplo, de auditoria e de investigação, essenciais à qualificação de pessoas naturais ou jurídicas, à localização de pessoas e

---

[109] A partir de vídeo de Ricardo Guimarães no qual apresenta um contexto atual do mundo (THYMUS – Natura: contexto de mundo. [*S. l.: s. n.*], 2016. 1 vídeo (11 min). Publicado pelo canal Thymus. Disponível em: https://www.youtube.com/watch?v=EdPS5LjT6Ts. Acesso em: 14 nov. 2021).

bens, ao estabelecimento de vínculos e às análises de quebras de sigilos (fiscais, bancários, telemáticos etc.).

Nesse ambiente de integração e cooperação interinstitucionais, especialmente quando se permeia pela inteligência que motiva a interdependência dos papéis dos órgãos, a confiança entre as pessoas é fundamental, estando essa alicerçada na legalidade, na ética, na competência, no respeito e na responsabilidade.

É com a atuação em rede dos órgãos de controle que se tende a firmar o controle institucional sistêmico da Administração Pública, com a combinação inteligente de recursos e a convergência de esforços para os seus melhores resultados, institucionalizando-se um ambiente favorável a desenvolver e fortalecer as atividades de controle, a fomentar e mover o seu ciclo contínuo de aprimoramento e a agregar valores para um inimaginável potencial de novas oportunidades.

Figura 11 – Ilustração da atuação em rede para o controle externo da Administração Pública

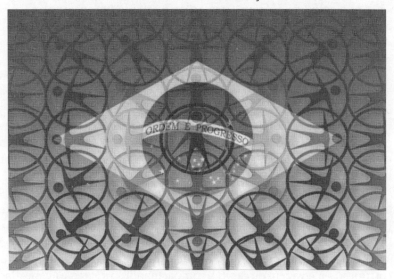

Fonte: elaborada pelos autores.

No controle fundado na inteligência institucional, com integração, cooperação e interdependência de papéis, todos se unem numa rede de malha fina na defesa geral do país. É essa interdependência que aproxima as instituições e, consequentemente, as suas pessoas, e entre elas a confiança, definindo e "graduando a malha da rede". Todas as atribuições e competências legais são preservadas, mas se complementam como num quebra-cabeça e assim ganham a forma do melhor controle. Corroborando com o que foi antes exposto, traz-se, a seguir, a opinião do Delegado da Polícia Federal Albert Paulo Sérvio de Moura quanto à atuação em rede na repressão de crimes em desfavor da Administração, conduzida de forma integrada e colaborativa pelos órgãos de controle no Piauí, onde trabalha:[110]

> Com a experiência de dezesseis anos de trabalhos na atividade-fim da Polícia Federal, tenho por inquestionável que a integração entre órgãos de controle e de investigação resulta em atividade persecutória mais eficaz. De fato, é notório que entre tais grandezas – o grau de integração dos órgãos públicos e a eficácia da persecução criminal – existe o que os estatísticos denominam correlação positiva; quanto maior a primeira, maior a segunda. A propósito, a integração entre entes da administração pública tem fundamento no princípio constitucional da eficiência do serviço público, positivado no artigo 37 da Constituição da República de 1988.
>
> Tal relação decorre de dois fatores principais: o caráter multidisciplinar da atividade investigatória e a natureza sistêmica dos organismos de investigação. Sobre o primeiro, compreendo que ao trabalho policial devam-se aliar, necessariamente, os conhecimentos e métodos desenvolvidos por grupos especializados externos, sobretudo órgãos públicos. Quanto ao segundo, penso que os organismos públicos de investigação – as polícias – constituam sistemas, e, como tal, não se devam fechar a outros sistemas, sob pena de perecerem. Ao contrário, como melhor estratégia de sobrevivência, devem os sistemas interagir e manter fluxo permanente e qualitativo de informações.
>
> Cito como exemplo de integração o trabalho conjunto entre diferentes órgãos policiais. No cumprimento de sua missão constitucional de polícia ostensiva, atuando com a capilaridade de quem transita diuturnamente pelas ruas da cidade e presta o primeiro atendimento ao cidadão vitimado pelo crime, a Polícia Militar produz conhecimento útil à instrução de inquéritos policiais. Por outro lado, os documentos produzidos pela Polícia Civil nos inquéritos policiais podem – e devem – subsidiar decisões de política ostensiva de segurança pública. Especialmente no que se refere aos chamados "crimes de sangue", a experiência demonstra que a atividade de persecução criminal e as políticas de segurança pública estão diretamente relacionadas, de forma que apresentam melhores

---

[110] Albert Paulo Sérvio de Moura é Delegado da Polícia Federal da Superintendência Regional do Piauí e hoje lotado na Delegacia Regional de Parnaíba, Piauí.

resultados na medida em que se implementam medidas de integração entre os diferentes sistemas policiais.

O mesmo se observa em investigações de crimes de corrupção. O trabalho integrado com órgãos públicos parceiros, altamente especializados, amplia a capacidade de análise da própria equipe policial. Em outras palavras, investigadores policiais, quando isolados dos órgãos de fiscalização, podem não observar, em processos licitatórios, evidências de fraude que seriam objeto de anotações por auditores da CGU e dos Tribunais de Contas. Ao analisar a execução de políticas públicas de saúde, é possível que policiais não percebam os mesmos indícios de ilicitude constatados por fiscais do DENASUS. São exemplos que se repetem em matéria ambiental, fiscal, ou em qualquer área especializada de investigação.

Com o propósito de utilizar a experiência especializada externa nos inquéritos policiais sob minha presidência, adoto como medida regular, desde as primeiras representações, solicitar ao juízo competente que autorize aos órgãos de controle amplo acesso a todos os dados e documentos referentes às medidas cautelares. Entendo que tais pedidos de autorização e compartilhamento judicial devam ser: a) amplos e extensivos, de forma a contemplar todo o acervo documental (documentos do inquérito, objetos, dados brutos e relatórios de análise) obtido e produzido a partir do conjunto das medidas cautelares (buscas e apreensões, interceptações telefônicas, afastamentos de sigilos telefônico, bancário, fiscal, telemático etc.); e b) específicos, ou seja, para cada nova representação policial, deve-se solicitar compartilhamento dos dados obtidos e gerados a partir daquela medida cautelar específica. Tais providências proporcionam maior segurança jurídica ao trabalho de policiais e auditores, e, empiricamente, conferem mais celeridade aos inquéritos em curso.

A contínua sofisticação da criminalidade organizada, com o desenvolvimento diário de novos métodos de corrupção e lavagem de dinheiro, deve ser compreendida como fator de risco e ameaça a quaisquer políticas públicas que exijam investimento do erário. Para combater este fenômeno, devem os governantes implementar medidas de integração efetivas, legais e infralegais, voltadas a impulsionar o fluxo de dados e o intercâmbio de conhecimento entre agentes públicos que atuam na descoberta das fraudes. Neste ambiente de complexidade, torna-se cada vez mais improvável que investigações de crimes de corrupção tenham êxito sem o trabalho conjunto e integrado de policiais, auditores e fiscais.

Por fim, para submeter a teste a hipótese formulada no início do presente texto, desafio qualquer pessoa a apresentar investigação relevante de crimes de corrupção, com recuperação de ativos e condenação criminal em pelo menos uma instância do Poder Judiciário, sem que os trabalhos

O CONTROLE FUNDADO NA INTELIGÊNCIA INSTITUCIONAL: INTEGRAÇÃO, COOPERAÇÃO E INTERDEPENDÊNCIA... | 93

tenham evoluído em um ambiente de amplo compartilhamento de dados e fluxo de informações entre os órgãos de controle e a persecução criminal. Faço especial registro ao trabalho desenvolvido pela Controladoria-Geral da União e pelo Tribunal de Contas do Estado do Piauí, sólidos parceiros da Polícia Federal e protagonistas no combate à corrupção.

Destaca-se que esse é um depoimento de quem vivenciou na prática os resultados possíveis advindos dos trabalhos de cooperação decorrentes da inteligência institucional num ambiente de controle sistêmico. Traz implícita a ideia de uma semente plantada que germina de forma vigorosa e que precisará ser irrigada, protegida e podada para a produção de bons e desejados frutos.

Sem exagero, enxerga-se que somente assim, num ambiente sistêmico de controle, a Administração Pública direta e indireta de qualquer dos Poderes da União, dos Estados, do Distrito Federal e dos Municípios terá ampla proteção imunitária em face da corrupção, dos abusos e dos desperdícios, vislumbrando-se mais prevenção e menos repressão, mais eficiência e obediência aos demais princípios administrativos.

Lógico que se sabe o caminho desafiador que a consolidação desse processo terá de percorrer, principalmente para fazer avançar a participação cidadã no controle da Administração, superar a desconfiança da sociedade nas instituições e, ainda, envolver os mais diversos sistemas de controles internos, principalmente no âmbito dos municípios brasileiros.

Carlos Eduardo Viana Santos, Chefe da Seção de Auditoria do Ministério da Saúde no Piauí, sustenta que "nos últimos anos, manifestações da sociedade organizada em defesa da moralidade e da ética na Administração Pública passaram a exigir dos Poderes constituídos uma preocupação com a prevenção, fiscalização e punição dos desvios praticados na operacionalização dos atos de gerência e de gestão no uso dos recursos públicos, forçando a instituições de controle a se preocuparem com esse novo contexto".[111] Para ele, isso teria exercitado "a aproximação, o compartilhamento, a cooperação e a integração entre os Órgãos responsáveis pelo monitoramento, controle e fiscalização dos atos de quem exerce a responsabilidade pelo uso dos recursos governamentais". Segue com seus argumentos sustentando que:

---

[111] Carlos Eduardo Viana Santos é Auditor do Departamento Nacional de Auditoria do Sistema Único de Saúde (DENASUS).

Segundo Malaxecheverria, "o governante tem a obrigação legal e ética de informar ao governado como se utiliza do dinheiro e de outros recursos que lhe foram entregues pelo povo para empregá-los em benefício da sociedade e não em proveito próprio".

Não obstante esse entendimento, não há dúvidas de que os órgãos de controle precisaram se reestruturar no sentido de elaborar estratégias que permitam o combate eficiente do mau uso dos recursos públicos. Afinal, os corruptos costumam agir sob a proteção política, jurídica e estatal.

Assim, para o exercício desse novo modelo de atuação, os agentes responsáveis pelo combate à corrupção, ficaram diante de um novo desafio, qual seja, melhoria das condições de trabalho e de apoio institucional para facilitar o compartilhamento e a troca de informações.

Enfim, a eficiência da atividade de controle e de combate à corrupção depende intrinsecamente da integração entre os órgãos de controle, ou seja, o êxito de uma atuação coordenada necessita do compartilhamento oportuno de dados e de conhecimentos entre os diversos organismos estatais.

Evidentemente que a reciprocidade de compartilhamento de dados e informações entre os órgãos de controle é legítimo, desde que seja baseado na preservação do interesse público, assegurando os direitos individuais como a proteção da privacidade, o que exige dos agentes públicos reserva e agilidade com a informação.

É por tudo isso que creio imprescindível o exercício da cooperação e integração dos órgãos de controle.

> Num trabalho acadêmico realizado em 2008, versando sobre integração e cooperação entre instituições do Estado brasileiro no combate à corrupção, Marcus Antônio Braga concluiu que "as ações de combate à corrupção têm muito a ganhar em efetividade a partir da troca de experiência, da interação e da cooperação entre as instituições estatais ligadas às áreas de controle externo e interno, policial, judiciária, legislativa e Ministério Público, bem como da sociedade civil". Defendeu, ainda, que "a sociedade precisa estar mobilizada e exigir que a instituição de mecanismos de combate à corrupção é estratégica para a aplicação da justiça social e para o desenvolvimento do país, e que, portanto, é necessário que ela seja executada por meio de órgãos imunes às pressões e influências corporativas, partidárias ou governamentais.[112]

---

[112] BRAGA, M. A. *Integração e cooperação entre instituições do Estado brasileiro no combate à corrupção.* 2008. Monografia (Especialização em Orçamento Público) – Instituto Serzedello Corrêa do

Ante a tudo que foi exposto, entende-se que o controle fundado na inteligência institucional, com integração, cooperação e interdependência dos papéis das instituições estatais ligadas às áreas de controle externo e interno, policial, Ministérios Públicos, judiciária e legislativa, com apoio da sociedade, verdadeiramente determine um sistema de controle e enfrentamento à corrupção imune às pressões e influências corporativas, partidárias ou governamentais.

Tribunal de Contas da União; Centro de Formação, Treinamento e Aperfeiçoamento da Câmara dos Deputados; Universidade do Legislativo Brasileiro, Brasília, 2008.

CAPÍTULO 7

REFAZENDO O MODO DE SE ENFRENTAR A CORRUPÇÃO

Pesquisas para identificar os problemas e prioridades do Brasil identificam a corrupção como um dos principais problemas do país. Vislumbra-se aí a dimensão pública da corrupção, que, como já dito, é a que mais prende a atenção e causa indignação aos "cidadãos", que é sistêmica e atinge principalmente as áreas prioritárias da atuação dos governos – a saúde e a educação.[113]

Como destacado anteriormente, tem-se aí um ambiente viciado por políticos, agentes públicos e empresários gananciosos, de controles ineficientes, eleições conduzidas com abusos do poder político e/ou econômico e com ausência de participação da sociedade nas questões governamentais. Um ambiente onde organizações criminosas, quadrilhas, por meio de seus integrantes, aproximam-se das pessoas detentoras ou próximas aos detentores do poder econômico e político, para juntos buscarem uma rede de proteção e liberdade.[114]

Por ano, estima-se que bilhões de reais se percam pelo ralo da corrupção no nosso país, dinheiro que deixa de irrigar, quase sempre, as melhores políticas públicas semeadas e de beneficiar direta ou indiretamente todos os brasileiros, mas especialmente os mais vulneráveis e dependentes das ações do Poder Público. Desemprego, alagamentos urbanos, falta de saneamento básico, vulnerabilidade às situações

---

[113] CNI – CONFEDERAÇÃO NACIONAL DA INDÚSTRIA. Retratos da sociedade brasileira: problemas e prioridades para 2016. *Indicadores CNI*, ano 5, n. 28, jan. 2016.

[114] Contexto apresentado a partir dos argumentos do psicólogo (com mestrado e doutorado), psicanalista e professor brasileiro Luiz Alberto Hanns, que é conhecido por sua acurada visão sobre o legado de Sigmund Freud. *Vide* É POSSÍVEL derrotar a corrupção? – Luiz Hanns. [*S. l.: s. n.*], 2017. 1 vídeo (6 min). Publicado pelo canal Casa do Saber. Disponível em: https://www.youtube.com/watch?v=vAZZ93JPUnw. Acesso em: 14 nov. 2021.

de secas e enchentes, tráfico de drogas, mulheres, animais e órgãos (organizações criminosas), milícias, fome, são exemplos, apenas alguns, das consequências desse mal social que precisa ser melhor enfrentado. Enfrentar a corrupção não significa acabar com a corrupção, pois ela é uma doença social "pandêmica", mas, sim, estabelecer meios de mobilizar a todos a promoverem ações cotidianas em seu desfavor, praticando e defendendo ações que possam desencorajá-la, até que não incomode tanto e com ela se possa socialmente conviver. De certo, usar máscaras, lavar as mãos, isolar-se, não são atitudes compatíveis com o enfrentamento a essa pandemia social que maltrata e mata milhões em benefício de poucos.

Entretanto, não se pode enfrentar a corrupção apenas na sua dimensão pública, institucional. Faz-se necessário tratar todas as "camadas da cebola", de valorar também seu enfrentamento nas dimensões cultural, ética e comportamental.

7.1 O enfrentamento à corrupção pública

Sem dúvidas, hodiernamente, quando se fala em combate à corrupção no Brasil, inevitavelmente, vem à memória do cidadão a Operação Lava Jato. Seus números e complexidade impressionam. Desde março de 2014, por mais de seis anos ininterruptos, tomou conta do noticiário nacional, mesmo algumas vezes compartilhando espaços na mídia com outras operações. Foram investigados políticos, empreiteiras, doleiros..., a Petrobras, permitindo-se que "esquemas" de corrupção fossem revelados e apurados em Brasília, Rio de Janeiro, São Paulo e outros estados. Agora, no ano de 2021, já não mais sob a coordenação de forças tarefas, pois essas já nem mais são possíveis, os trabalhos supostamente seguem incorporados pelos Grupos de Atuação Especial de Combate ao Crime Organizado (GAECOS).

O que parecia, apesar dos erros e ressalvas, um caminho possível e sem volta para o enfrentamento à corrupção, sucumbe melancolicamente em seu fim, sem deixar heróis. Para muitos, revelando a certeza de que no Brasil a corrupção não tem jeito.

De certo, sob diversas formas, aproveitando o momento certo, agigantaram-se contra a Operação Lava Jato políticos, corruptos, as defesas dos corruptos e os que são tocados, reagindo todos contra os procuradores federais e especialmente contra o avanço do combate à corrupção. Quando se precisou efetivamente de heróis na defesa do combate à corrupção, ou melhor, dos brasileiros, esses permaneceram inertes vendo "triunfar as nulidades, prosperar a desonra e crescer a injustiça".[115] É importante ressaltar que as instituições também fracassaram.

Cambaleando pelos golpes desferidos pelos "maus", segue o enfrentamento à corrupção a revelar que todo o processo de repressão à corrupção é difícil, traumático, desvirtuado de seu verdadeiro propósito e a indicar que o melhor caminho é o da prevenção.

Apesar de tudo, resta a certeza de que se precisa continuar nessa luta. Que se precisará reerguer a bandeira do enfrentamento à corrupção pública.

Nesse sentido, as instituições de controle precisam avançar e se estruturarem de forma a institucionalizar as *expertises* dos seus servidores e membros, aplacando as vaidades pessoais. Como bem comenta Felipe Recondo, fundador do *JOTA*, "Em vez de pessoas, a instituição. Em vez de um nome alçado artificialmente ao posto de herói, uma instituição cada vez mais forte, coesa e experiente". Ao Ministério Público, especificamente, é preciso empenhar-se na promoção do necessário equilíbrio entre os princípios da unidade ministerial e da independência funcional dos seus membros.[116]

O fortalecimento das instituições é uma premissa basilar para se pensar numa forma mais eficiente de se enfrentar a corrupção, com uma atuação mais preventiva e, apenas excepcionalmente, na repressão de fatos mais contemporâneos. Cabe, nesse ponto, cultivar as boas práticas e atitudes futuras, logicamente que aprendidas com os erros do passado.

Destaca-se que o fortalecimento das instituições significa, de forma obrigatoriamente decorrente, o fortalecimento de todo o sistema orgânico de controle, o sistema imunitário da Administração Pública. Nesse sentido, sejam relembrados os argumentos do auditor do TCU Wesley Vaz, já trazidos neste livro, que inferem que as instituições do futuro, que funcionam, são orientadas a dados, valiosas pelas informações que possuem.[117]

---

[115] Frase do jurista, advogado, diplomata, político, escritor e filósofo Rui Barbosa de Oliveira, intelectual brasileiro que sempre defendeu o enfrentamento à corrupção.

[116] Felipe Recondo, fundador do *JOTA*, ao publicar a sua análise sobre "O que o fim da Lava Jato diz hoje do Ministério Público e do combate à corrupção?".

[117] Wesley Vaz Silva, Auditor Federal de Controle Externo, atualmente exerce a função de Secretário de Fiscalização de Integridade dos Atos e Pagamentos de Pessoal e Benefícios Sociais do Tribunal de Contas da União. Publica diversos artigos e comentários na rede mundial de computadores, tendo publicado o texto "O governo [que funciona] [do futuro] é orientado a dados" em 2 de agosto de 2019 (VAZ, Wesley. O governo [que funciona] [do futuro] é orientado a dados. 2019. Disponível em: https://wvazmsc.medium.

Então, percorrendo esse caminho do necessário fortalecimento das instituições, há de começar pelo controle social, buscando-se meios adequados para seu estímulo e aperfeiçoamento mediante promoção de maior abertura dos dados públicos, da simplificação de relatórios e da capacitação. Não se pode esquecer também de agregar valor aos trabalhos já em curso promovidos por diversas organizações de controle social já reconhecidas no país e que são exemplos significativos e positivos da participação cidadã nas questões governamentais. Ainda, de estimular as pessoas e entidades a desenvolverem uma mentalidade voltada à curadoria dos algoritmos, para que possam fazer melhor entrega de suas atividades de vigilância e controle em favor de toda a sociedade. Nessa perspectiva, entende-se como fundamental a promoção de mais eventos regionais e nacionais para o desenvolvimento de aplicações de tecnologia de informação para serem disponibilizadas à população e aos órgãos de fiscalização e serem utilizadas como ferramentas de promoção da cidadania, da efetivação das políticas públicas e do combate à corrupção.

Deve-se seguir com o aprimoramento das Ouvidorias e Corregedorias, que não podem e não devem ficar à sombra do sistema, devendo atuar como sujeitos ativos do processo de controle. Às Ouvidorias cabe o dever constitucional de implantar ações de cidadania frente à lesão do particular ou do interesse público, assegurando meios gerais para as reclamações, denúncias e acessos a registros administrativos e informações sobre atos de governança e gestão pública. Registrando adequadamente os dados disponíveis, com o passar do tempo, orientadas por modelos matemáticos e pela estatística, devem contribuir com a indicação de pontos críticos de controle e com o aperfeiçoamento dos serviços públicos em geral. Já as Corregedorias, consideram-se particularmente importantes para os devidos aprimoramentos internos das instituições, devendo cuidar para as elaborações dos códigos de ética, a gestão da meritocracia e da integridade, o enfrentamento a qualquer tipo de assédio, enfim, para a promoção cotidiana da justiça nas organizações.

Também é importante, para o sistema, o fortalecimento dos controles internos, especialmente para detecção de fraudes e corrupção, tanto no setor privado quanto público, estabelecendo-se linhas de defesa para o adequado gerenciamento dos riscos e do controle. Há de

---

com/o-governo-que-funciona-do-futuro-%C3%A9-orientado-a-dados-84b937514dad. Acesso em: 14 nov. 2021).

se ter mecanismos de controles incorporados nas rotinas diárias das organizações, sob supervisão contínua, deixando-se clara a percepção de que a governança está atenta a possíveis desvios, quaisquer que sejam eles. No cenário organizacional, é preciso se valorizar a ética e criar uma cultura de honestidade e comportamento ético, que deve ser reforçada por padronização, capacitação e normatização. As políticas que pautam a ética e a integridade da organização devem ser incentivadas, respeitadas e cumpridas.

Com maior força e suporte operacional, sempre conduzidos, quando possível, pelo conhecimento produzido pelas suas respectivas inteligências, devem interagir os Tribunais de Contas, as polícias e os Ministérios Públicos para identificar pontos sensíveis a serem vistos com prioridade e, de forma ágil, na conformidade com os fatos, concomitante, atuar preventivamente em desfavor da fraude, dos desvios e do favorecimento ilícito. Contudo, quando a ação preventiva não for mais possível, devem essas instituições, de forma colaborativa, juntas, combater e reprimir essas práticas, a corrupção, com máxima força no limite jurisdicional imposto a cada órgão pela legislação vigente.

Há de se pensar o enfrentamento à corrupção de forma geral no país, pois nem tudo que ameaça a probidade pública é Operação Lava Jato. Há, em nosso imenso país (de 5.570 Municípios, 26 Estados e um Distrito Federal), esquemas menos elaborados de corrupção que também são responsáveis pela subtração de pequenas fortunas, que, sem dúvida, também abalam a população local, visto que somas importantes são desviadas das ações governamentais de que o povo tanto necessita.

No enfrentamento à corrupção pública, não há espaço para o descompasso entre o idealismo de seus eventuais protagonistas e as realidades nas quais atuam. Cada realidade deve ser tratada com a mesma maestria técnica e jurídica, conduzindo-se esse enfrentamento de igual forma, com cooperação, integração e interdependência de atribuições, do menor ao maior município desse grande país, do mais simples ao mais complexo esquema de corrupção.

Mesmo assim, num cenário onde todos são importantes para o enfrentamento à corrupção, entende-se necessário destacar a importância singular da atuação de membros do Ministério Público em suas Promotorias de Justiça pelo interior do país afora, pela sua capilaridade, no sentido de, junto com outros órgãos de fiscalização e controle, em interlocução permanente, acompanhar o gasto público, prevenindo desvios e, também, repressivamente, enfrentando aqueles que não se cansam de obliterar a coisa pública. É nessa senda que a interdependência dos órgãos de fiscalização e persecução impõe uma necessidade inconteste, pois de nada servirá (ou, pelo menos, pouca efetividade terá) a ausência de compartilhamento de dados e informações ou uma informação específica que, obtida por um órgão, não é compartilhada com outros que fazem parte desse controle sistêmico.

Ainda ressaltando o papel dos Ministérios Públicos, cuida-se em chamar atenção para as suas "armaduras" e "armas" legais, como o Inquérito Civil Público e os Acordos de Não Persecução Penal (ANPP) e de Não Persecução Cível (ANPC), estes últimos previstos, respectivamente, no art. 28-A (*caput*, incisos e parágrafos) do Código de Processo Penal e no §1º do art. 17 da Lei de Improbidade Administrativa (LIA), que são importantes para um enfrentamento célere e mais efetivo daquelas práticas de corrupção mais comuns e que permeiam por muitos municípios brasileiros.

Associando-se a tudo isso, aqui com a maior e mais relevante importância, é preciso um esforço comum de todos para requerer dos Poderes do Estado a punição do comportamento ganancioso, que implica corrupção, ao invés de recompensá-lo. Aliás, não se pode e não se deve deixar a menor dúvida de que a corrupção "compensa".

Há de promover ações articuladas contra a impunidade, jamais se permitindo aceitar, de forma indiferente, que pessoas se enriqueceram à custa das dificuldades e da miséria dos outros.

7.2 O enfrentamento à corrupção nas suas dimensões cultural, ética e comportamental

Agora, discute-se o enfrentamento dos defeitos morais e éticos que permeiam pela vida cotidiana de todos nós em busca de interesses pessoais e privados em detrimento da coletividade e do bem comum, aquela "corrupção" que, nas palavras de Luiz Albert Hanns, encontra-se arraigada, infelizmente, em nossos costumes; que se encontra "esparramada e capilarizada por todos os confins da sociedade brasileira" e, de certa forma, serve para revelar nosso "subdesenvolvimento" ético e cultural. Inclui-se aqui o desprezível "jeitinho brasileiro", que de certa forma acinzenta a integridade de nossas organizações públicas e privadas, o caráter de nosso povo.[118]

---

[118] Contexto apresentado a partir dos argumentos do psicólogo (com mestrado e doutorado), psicanalista e professor brasileiro Luiz Alberto Hanns, que é conhecido por sua acurada visão sobre o legado de Sigmund Freud. *Vide* É POSSÍVEL derrotar a corrupção? – Luiz Hanns. [*S. l.: s. n.*], 2017. 1 vídeo (6 min). Publicado pelo canal Casa do Saber. Disponível em: https://www.youtube.com/watch?v=vAZZ93JPUnw. Acesso em: 14 nov. 2021.

Infrações no trânsito, furar filas, "colar" nas provas, beneficiar-se de valores e objetos perdidos por terceiros, jogar lixo em terrenos baldios e ser "esperto" para enganar os outros são exemplos dessa "pequena corrupção" do nosso dia a dia.

Todos conhecem e vivenciam essa realidade. Todos os dias, na ida ao trabalho ou num simples passeio pelas ruas da cidade, quantas infrações deliberadas às normas de trânsito não são vistas? Mas, se autuados, os infratores se apressam e se defendem sob o argumento de que há uma pretendida "indústria da multa" promovida pelo governo.

E o lixo jogado em terrenos baldios ou mesmo na rua? Disposto nos domicílios sem qualquer preocupação com o meio ambiente ou com a lei brasileira para o gerenciamento e tratamento dos resíduos sólidos? Temos efetivamente feito a coisa certa?

Em 2020, ano fortemente afetado pelo isolamento social decorrente da pandemia ocasionada pelo novo coronavírus (Covid-19), segundo dados disponibilizados pelo Departamento Nacional de Trânsito (Denatran) no âmbito do *site* eletrônico do Ministério da Infraestrutura, 19.547.496 condutores foram notificados de penalidades decorrentes de infrações de trânsito. Em janeiro de 2021, foram 1.548.421 notificações em face de um universo de 75.144.910 condutores habilitados no país nesse mesmo mês, como se 2 em cada 100 motoristas brasileiros tivessem sido penalizados por uma infração de trânsito. Ressalte-se que a média do número de mortes no trânsito, no Brasil, por ano, supera 40 mil mortes.

Quantas demandas foram levadas ao Poder Judiciário decorrentes dos defeitos morais e éticos que permeiam o seio da sociedade brasileira, implicando negativamente o bom e necessário desempenho da justiça institucionalizada? É, parece que nos falta a virtude de sermos autossuficientes para deliberarmos moralmente e resolvermos problemas da vida cotidiana.

Vê-se que tudo isso não é "enxergado" e nem associado com corrupção, e logicamente traz muitas consequências negativas. É socialmente interpretado como algo "normal", comum, e, dessa forma, como a principal das consequências, essa corrupção tornou-se endêmica.

E, por ser assim, pouco se vê efetivamente para o enfrentamento da corrupção nas suas dimensões cultural, ética e comportamental, o que têm fortes efeitos sobre cada um de nós por ser uma fonte silenciosa de cumplicidade com a corrupção pública e com a falta de justiça. Na realidade, pouco ou quase nada tem sido feito para se cultivarem a virtude cívica, atitudes e disposições cidadãs das quais dependem uma boa sociedade.

Luiz Albert Hanns defende como único modo de se combater essa corrupção uma "mobilização que impregne a sociedade" desse dever, devendo ocupar amplamente pautas de noticiários na televisão, no rádio, em documentários, abordando-se o assunto por todos os lados, nas escolas, nas universidades, nos livros didáticos, no teatro, na dramaturgia, assim impregnando a sociedade com uma espécie de mobilização em torno desses assuntos e conquistando corações e mentes.[119]

Em 2004, o Ministério Público de Santa Catarina idealizou a campanha "O que você tem a ver com a corrupção?", que foi nacionalizada quatro anos depois. Seu propósito era "conscientizar a sociedade, especialmente crianças e adolescentes, do valor da honestidade e da transparência das atitudes do cidadão comum, destacando atos rotineiros que contribuem para a formação do caráter. A partir de projetos educativos, esperava incorporar valores sociais como a moralidade, a ética e o respeito, além de alertar a juventude sobre as consequências das condutas desonestas". Inspiradas nessa campanha, diversas outras mobilizações foram percebidas no cenário ministerial, por exemplo, "Passado sujo não dá futuro. Vote limpo" (2010) e "Diga não à Corrupção". Não se vê, hoje, ênfase nessa campanha.[120]

Em 2009, a Controladoria-Geral da União (CGU), em parceria com o Instituto Maurício de Sousa, lançou o programa "Um por todos e todos por um (UPT)", especialmente destinado a valorizar o comportamento ético e o exercício da cidadania entre crianças e adolescentes, destacando-se pela sua proposta pedagógica, riqueza dos recursos didáticos e caráter lúdico, colaborativo e criativo. O programa segue em seu curso e com aperfeiçoamentos.[121]

Em 2017, a Estratégia Nacional de Combate à Corrupção e Lavagem de Dinheiro (ENCCLA), em parceria com o Conselho Nacional do Ministério Público (CNMP) e com a Secretaria de Governo da Presidência da República, através da Ação nº 6/2017, lançou a campanha *#TodosJuntosContraCorrupção*, objetivando mobilizar a sociedade no

---

[119] Contexto apresentado a partir dos argumentos do psicólogo (com mestrado e doutorado), psicanalista e professor brasileiro Luiz Alberto Hanns, que é conhecido por sua acurada visão sobre o legado de Sigmund Freud. *Vide* É POSSÍVEL derrotar a corrupção? – Luiz Hanns. [*S. l.: s. n.*], 2017. 1 vídeo (6 min). Publicado pelo canal Casa do Saber. Disponível em: https://www.youtube.com/watch?v=vAZZ93JPUnw. Acesso em: 14 nov. 2021.

[120] *Vide* SANTA CATARINA. Ministério Público de Santa Catarina. O que você tem a ver com a corrupção? [2021]. Disponível em: https://www.mpsc.mp.br/campanhas/o-que-voce-tem-a-ver-com-a-corrupcao. Acesso em: 14 nov. 2021.

[121] *Vide* SANTA CATARINA. Ministério Público de Santa Catarina. *Site* institucional. 2021. Disponível em: https://www.gov.br/cgu/pt-br/educacao-cidada/programas/upt. Acesso em: 14 nov. 2021.

combate à corrupção por meio de ações de conscientização e de projetos educacionais que contribuam para a formação de cidadãos mais conscientes, íntegros e engajados.[122]

A Conferência Nacional dos Bispos do Brasil (CNBB), em muitas das suas campanhas da fraternidade, nas quais aborda problemas concretos que envolvem a sociedade brasileira, tem procurado sensibilizar a sociedade na necessidade de enfrentamento à corrupção e buscado, inclusive internamente, incentivar a boa conduta social na vida cotidiana.

É importante destacar que no Brasil uma coalizão de organizações sociais sem fins lucrativos, movimentos sociais e instituições sem vínculos partidários, todos com atuação reconhecida do país, se formou em união contra a corrupção. Fomentam a campanha "Unidos contra a corrupção". Na gestão da referida campanha, destacam-se o Observatório Social do Brasil, o Instituto Ethos, o Instituto Cidade Democrática, o Movimento de Combate à Corrupção Eleitoral, o Contas Abertas e a Transparência Internacional Brasil. No que pese suas ações em desfavor da pequena corrupção, enxerga-se na campanha um enfrentamento mais concentrado da corrupção pública.[123]

Portanto, vê-se que, entre a proposta de mobilização geral referida pelo psicólogo Luiz Albert Hanns e ações concretas nesse sentido, ainda se tem um longo e urgente caminho a ser percorrido, persistindo uma visão com hipermetropia de enfrentamento apenas da corrupção pública.[124]

É preciso que se apresse, de forma articulada, com a participação das organizações públicas, privadas e de interesses sociais, essa mobilização nacional que impregne a sociedade de virtudes cívicas, do bom exemplo, mostrando-se a todos que ser ético vale a pena, valorizando nossas condutas diárias como exemplos para as novas gerações.

No mínimo, seria interessante que todos os *websites* de organizações públicas, de qualquer esfera, e são muitas, contemplasse pelo

---

[122] *Vide* BRASIL. Conselho Nacional do Ministério Público. CNMP lança a Campanha #TodosJuntosContraCorrupção. 2017. Disponível em: https://www.cnmp.mp.br/portal/todas-as-noticias/10694-cnmp-lanca-a-campanha-todosjuntoscontracorrupcao. Acesso em: 14 nov. 2021.

[123] *Vide* UNIDOS CONTRA A CORRUPÇÃO. *Site* institucional. 2021. Disponível em: https://web.unidoscontraacorrupcao.org.br/. Acesso em: 14 nov. 2021.

[124] Contexto apresentado a partir dos argumentos do psicólogo (com mestrado e doutorado), psicanalista e professor brasileiro Luiz Alberto Hanns, que é conhecido por sua acurada visão sobre o legado de Sigmund Freud. *Vide* É POSSÍVEL derrotar a corrupção? – Luiz Hanns. [*S. l.: s. n.*], 2017. 1 vídeo (6 min). Publicado pelo canal Casa do Saber. Disponível em: https://www.youtube.com/watch?v=vAZZ93JPUnw. Acesso em: 14 nov. 2021.

menos uma diretriz que pudesse contribuir para a formação de bons cidadãos no nosso país, cidadãos esses comprometidos com a responsabilidade social, a probidade e a prevalência do interesse público sobre o interesse privado.

Quanto ao processo educativo formal, entende-se que esse deve fomentar uma educação transformadora nesse sentido, procurando inserir meios de conscientizar crianças e jovens do dever de sermos éticos para se ter um Brasil sustentável, mais justo e mais sério, onde não se tenha tantas vítimas da corrupção. Nela se deveria contemplar um dos principais ensinamentos de Aristóteles, o de que "a virtude moral resulta do hábito".

Neste livro, no capítulo 3, ao se tratar da corrupção do Brasil e dos brasileiros, trouxe-se um argumento defendido pelo antropólogo social Roberto Augusto da Matta de que as nossas instituições foram concebidas para coagir e desarticular o indivíduo, incompatibilizando-se com a realidade individual, o que implicaria indivíduos acostumados a violarem e a verem violadas as próprias leis e as instituições, a se apegarem ao "jeitinho brasileiro".[125]

Na sua obra em que faz uma leitura do Brasil e das lições que o "caso brasileiro" ensina – *O que faz o brasil, Brasil?* –, traz uma lógica argumentativa antropológica para a defesa de que "a sociedade brasileira não poderia ser entendida de modo unitário, na base de uma só causa ou de um só princípio social". O autor chama atenção ao seguinte fato:

> [...] Brasil é uma sociedade interessante. Ela é moderna e tradicional. Combinou, no seu curso histórico e social, o indivíduo e a pessoa, a família e a classe social, a religião e as formas econômicas mais modernas. Tudo isso faz surgir um sistema com espaços internos muito bem divididos e que, por isso mesmo, não permitem qualquer código hegemônico ou dominante.

Portanto, há de se entender que todo o processo de enfrentamento à corrupção nas dimensões cultural, ética e comportamental, aqui defendido como necessário e inter-relacionado com a corrupção pública, deve ser feito considerando-se uma adequada visão antropológica da formação da sociedade brasileira.

Enfrentar essa pequena corrupção precisa ser feito. É da responsabilidade de todos nós. É urgente começar!

---

[125] DAMATTA, Roberto. *O que faz o brasil, Brasil?* Rio de Janeiro: Rocco, 1986.

CAPÍTULO 8

A REVOLUÇÃO DA EFICIÊNCIA: PROJETO PARA UM PAÍS MELHOR

Os capítulos anteriores foram organizados de forma sistemática, numa lógica para serem analisados e entendidos conjuntamente, para agora se fazer aqui, neste capítulo, a consolidação da defesa da necessária revolução da eficiência para se ter um país melhor.

Iniciou-se fazendo uma sinopse da doutrina da inteligência, ressaltando sua importância na produção do conhecimento, da informação qualificada para auxiliar na tomada de decisão. Após, discutiu-se o especializado ramo da inteligência institucional e, especialmente, sua utilização para o controle da Administração Pública com foco no enfrentamento à corrupção pública. Seguidas vezes, defendeu-se a orientação a dados. Foram apresentados impactos da corrupção na vida das pessoas e nos governos, defendendo-se o seu enfrentamento como condição primordial para desenvolvimento social e econômico do Brasil e de qualquer outro país. Detalhou-se depois, de forma simples, o arcabouço jurídico e prático do controle externo da Administração Pública no Brasil e no mundo, e se fez a defesa de um controle sistêmico com fundamento constitucional. Defendeu-se, posteriormente, o controle fundado na inteligência institucional, organizado com integração, cooperação e interdependência de papéis dos órgãos responsáveis. No capítulo anterior, argumentou-se sobre a necessidade de se reinventar o enfrentamento à corrupção pública, especialmente em razão do revés da Operação Lava Jato, mas também se contemplou o enfrentamento dos defeitos morais e éticos próprios da pequena corrupção. De toda sorte, procurou-se deixar claro que a eficiência pública, necessária para um Brasil melhor e mais justo, carece de níveis de corrupção pública e privada compatíveis com as sociedades mais evoluídas do mundo.

Tudo que foi argumentado neste livro, até aqui, fez-se com a intenção de deixar claro que esses argumentos são premissas para a consolidação do princípio administrativo da eficiência. Enfrentar a corrupção nas suas diversas dimensões, utilizar-se da inteligência institucional e da orientação a dados, gerindo estrategicamente informações e conhecimento, melhorar os controles e seus processos, fomentar parcerias, a integração e a cooperação interinstitucionais e, especialmente, estimular a responsável participação cidadã nas questões governamentais são condições prévias para a desejada eficiência como princípio de atuação dos governos, que temos o dever de estimular por ser, há mais de duas décadas (desde 1998), um desejo político do povo brasileiro, conforme posto explicitamente no texto constitucional.

Já neste oportuno momento, esclarece-se que, como muitos outros, se compreende a eficiência como um princípio, não como um postulado, tendo nessa seara a mesma força normativa direta e a mesma natureza jurídica, hierarquia normativa e densidade axiológica dos demais princípios constitucionais administrativos. Assim, entende-se que o princípio da eficiência está vinculado à vontade política do povo brasileiro, embora não decorrente do texto constitucional original, e que reclama normativamente dos governos, gestores e servidores públicos fazer mais, melhor e com menos dispêndios e desperdícios.[126]

De igual forma, aproveita-se para ressaltar, segundo se entende, que os quatro princípios administrativos inseridos originalmente na Constituição – legalidade, impessoalidade, moralidade e publicidade – são exatamente a expressão da força normativa que fundamenta os argumentos trazidos aqui neste livro e apontados como premissas para o alcance da eficiência.[127]

Neste ponto, vê-se no emprego do termo eficiência o significado de fazer as coisas direito para a promoção de melhores resultados, de produtos de mais elevada qualidade, qualquer que seja esse, empregando-se os recursos de forma econômica para conversão desses resultados. Uma Administração Pública eficiente faz a coisa certa, valorizando a distribuição do interesse público, dos direitos e deveres, dos poderes e oportunidades. O Brasil necessita de uma revolução de eficiência.

---

[126] Em concordância com os argumentos trazidos na seguinte obra: NUNES JR., Vidal Serrano *et al.* (coord.). *Enciclopédia jurídica da PUCSP*. Tomo II: direito administrativo e constitucional. São Paulo: Pontifícia Universidade Católica de São Paulo, 2017. (Recurso eletrônico).

[127] Princípios constitucionais administrativos insertos no *caput* do art. 37 da Constituição Federal da República.

Emprega-se o termo revolução por se acreditar que a implementação dessas condições prévias, ainda que ausentes aquelas diretamente afetas ao comportamento humano, pois requerem mais tempo para efetiva implementação, implicaria mudanças rápidas e profundas, num período relativamente curto de tempo, nas estruturas das organizações públicas e nos resultados por elas prestados à sociedade. Vislumbra-se uma reação em cadeia – fissão ou fusão – *a liberar a enorme e desejada energia da eficiência pública.*

Não se tem qualquer dúvida de que a diminuição nos níveis da corrupção pública no Brasil traria como consequências arrecadações tributárias maiores e mais justas, maiores disponibilidades de recursos para a realização de políticas públicas nas áreas prioritárias – saúde e educação –, um atendimento assistencial mais amplo e mais justo, menos problemas carcerários, mais obras de infraestrutura e, com o passar do tempo, um aumento na renda *per capita* dos brasileiros que implicaria positivamente na redução das desigualdades sociais e regionais.

Ao contrário, com a permanência dos atuais níveis de corrupção pública no nosso país, tem-se que os princípios administrativos são meras letras mortas, sem quaisquer propósitos verdadeiros, desprovidos do conteúdo vinculado à vontade do povo e ao dever de zelo das instituições de controle.

A prática da corrupção pública pressupõe, quase sempre, violação aos princípios constitucionais administrativos, de todos eles conjuntamente; dessa forma, pode-se sustentar que o enfrentamento à corrupção também é um princípio administrativo, especialmente para se buscar a eficiência da Administração Pública. A corrupção causa ineficiência e desigualdade.

O enfrentamento à corrupção é um dever que a todos diz respeito e deve interessar, buscando-se, incessantemente, mudanças estruturais e de mentalidade para um consistente, insistente e constante processo pela integridade. Não se promoverá a eficiência na Administração Pública sem se estruturar uma ampla e transparente política de enfrentamento à corrupção, especialmente focada na sua prevenção.

Ressalte-se que esse enfrentamento requer estimular e fortalecer o controle social, fortalecer e consolidar as instituições de controle, aperfeiçoar os mecanismos de controle interno das organizações públicas e privadas, valorizar e incentivar políticas que pautam a ética, a cultura da honestidade, o comportamento ético e a integridade; e, ainda, conceber campanhas nacionais que impregnem a sociedade de virtudes cívicas, do bom exemplo, mostrando-se a todos que ser ético vale a pena, que é fundamental para se colher os verdadeiros benefícios do associativismo político.

Especificamente em relação aos controles públicos internos, é chegada a hora de gerenciar riscos e apontar caminhos para o melhor tempo futuro, de reinventar-se para atuar de forma prévia e sem exagerado apego aos fatos já consumados.

É preciso destacar, como antes enfatizado, que sem o envolvimento dos cidadãos e cidadãs nas discussões das questões governamentais, especialmente naquelas de interesse público mais relevantes, não teremos homens ou mulheres capazes de promoverem essa necessária revolução.

O estopim de combustão lenta para a revolução da eficiência na Administração Pública brasileira é certamente o enfrentamento à corrupção, em todas as suas dimensões, mas, especialmente, na pública, sob o enfoque principal da prevenção.

No entanto, deve-se ter em mente que qualquer resposta a uma questão social perpassa por um caminho a ser seguido, que se inicia com o interesse dos formadores e líderes de opinião, passando pelo interesse da mídia e do público em geral até o despertar público da sociedade, que passa a se autocontrolar e a exercer legítima pressão política sobre os seus representantes para as alterações necessárias da legislação quando cabíveis.

Portanto, não devemos esperar acontecer, temos de fazer acontecer. Todos temos de nos desafiar e cooperar para a revolução da eficiência, para a construção de um Brasil onde todos ganhem.

CAPÍTULO 9

ATUAÇÃO EM REDE NA REPRESSÃO À CORRUPÇÃO NO ESTADO DO PIAUÍ

9.1 Considerações iniciais

Na última década, a aproximação de diversos órgãos de controle para a formalização da Rede de Controle da Gestão Pública no Estado do Piauí possibilitou uma maior integração entre esses órgãos que passaram a combinar recursos e esforços, de forma inteligente e colaborativa no enfrentamento à corrupção, especialmente na sua repressão.[128]

O compartilhamento de dados e informações, as cooperações técnicas para o congressamento de *expertises*, as reuniões frequentes, os laços de confiança e respeito estabelecidos, as participações em operações conjuntas e a preservação das atribuições e competências legais têm sido os principais motivos para a consolidação dessa atuação em rede que tem promovido avanços no enfrentamento à corrupção no Estado do Piauí. Mesmo assim, apesar dos avanços alcançados, percebe-se que ainda há muito o que ser feito.

No âmbito da Rede de Controle, é perceptível o avanço significativo de cada instituição integrante, podendo, destacadamente, citar a consolidação da concessão de medidas cautelares pelos Tribunais de Contas, da União e do Estado, o reconhecimento da legitimidade investigativa dos Ministérios Públicos, a especialização de delegacia da Polícia Civil para o combate à corrupção e a aceitação legal da prática da inteligência pelas polícias ostensivas. Com igual destaque,

---

[128] A Rede de Controle da Gestão Pública no Piauí foi formalizada em agosto de 2009 com o propósito principal de fortalecimento, ampliação e aprimoramento de compromisso e articulação institucionais voltados ao combate à corrupção no Estado do Piauí. Atualmente tem 17 órgãos de controle associados pelo acordo de cooperação técnica.

é notória a contribuição da regional da Controladoria-Geral da União e do Tribunal de Contas do Estado, especialmente através de suas unidades especializadas, na produção de notas técnicas e relatórios de inteligência que iniciaram e iniciam processos de repressão à corrupção.

O reconhecimento da legitimidade investigativa dos Ministérios Públicos, aqui destacada pela atuação do Grupo de Atuação Especial Contra o Crime Organizado do Ministério Público do Piauí (GAECO/MPPI), que assumiu uma postura proativa e própria na condução de várias investigações de crimes em desfavor da Administração Pública, representou um divisor de águas na repressão à corrupção no Estado do Piauí, conquanto haja muitas críticas de que se tenha preservado de investigações de interesse do Governo Estadual.

Embora haja exemplos anteriores, foi seguramente a partir do ano de 2015, com melhor estruturação física e operacional do GAECO, que se sentiram de forma destacada essa atuação em rede e o protagonismo da investigação ministerial, cabendo, inclusive, ressaltar a utilização do novel instituto da "colaboração premiada".

Favoravelmente a esse cenário, não se pode esquecer que em Promotorias de Justiça do interior, que não são poucas, pelo contrário, são recorrentes as informações de empresas fantasmas contratando com a municipalidade, licitações que não respeitam o caráter competitivo do certame público, com subterfúgios utilizados que privilegiam licitantes em detrimento de outros, ou mesmo de serviços que não são entregues ou são de difícil comprovação, como roço de estradas vicinais (rurais). Até mesmo a oferta de bens e obras realizadas, mas com contratos superfaturados, ou se empregando materiais de qualidade inferior à disposta no contrato público.

Assim, de forma mais próxima desses acontecimentos, encontra-se o Promotor de Justiça, que, no interior geográfico em que labuta, acaba sendo, via de regra, a primeira autoridade a se deparar com tais situações, estando em posição privilegiada no sentido de realizar uma investigação mais eficiente e eficaz, ou até mesmo de solicitar apoio e documentos de outras instituições de controle para o desenrolar da necessária investigação.

A bem da verdade, todas as nuances fáticas antes apontadas são desafios para os eventuais investigadores, especialmente para os promotores de justiça, contudo factíveis de serem vencidos, desde que o trabalho seja realizado com organização, metas e objetivos claros, com metodologia definida e de eficiência comprovada. Talvez daí decorrida toda essa máxima e singular importância institucional do GAECO.

Aqui, também urge destacar que apesar da possibilidade formal de as Polícias Judiciárias também realizarem tais investigações (e a palavra "formal" não foi assentada de forma displicente, mas concatenada com a realidade vista na prática cotidiana), estas têm se mostrado mais bem aparelhadas para reprimir quadrilhas e organizações criminosas relacionadas ao tráfico de drogas, para a persecução de crimes de sangue e/ou crimes contra o patrimônio privado, carecendo de, especialmente a Polícia Civil, avançar nas investigações e combate aos crimes praticados por criminosos de colarinho branco.

Com relação à Polícia Civil, talvez a grande demanda por apuração das infrações comuns sob sua responsabilidade, crimes de ruas que abarrotam as delegacias e, ainda, embaraços políticos para o desenvolvimento desse múnus sejam as causas dessa dívida investigativa. Por pertencer à estrutura do Poder Executivo, não obstante se chamar Polícia Judiciária, não raras vezes as autoridades policiais são "impedidas" de promoverem investigações que contrariem políticos locais. No dia a dia, em que pesem algumas evoluções no sentido de garantir a independência da autoridade policial na investigação, ainda se viu recentemente no Estado do Piauí a avocação de inquérito policial que apurava eventuais crimes contra a Administração Pública em desconformidade com o disposto no §4º do art. 2º da Lei nº 12.830, de 20 de junho de 2013.

De toda sorte, institucionalização e estruturação da Delegacia Especializada de Combate à Corrupção e à Lavagem de Dinheiro representou um marco de esperança na melhor atuação da Polícia Civil estadual no enfrentamento desses tipos de crimes, o que já foi sentido com as deflagrações das Operações Machado de Assis, *Tertium*, Liderança e Entrelaçados, todas conduzidas por aquela especializada e com a participação de outros órgãos de controle. Todos os trabalhos foram merecedores de apreços e realizados com elogiável técnica.[129]

Quanto ao trabalho da Polícia Federal local, que tem atuação restrita aos crimes praticados contra os bens e interesses da União, suas entidades autárquicas ou empresas públicas, portanto, atuação legal limitada, tem-se que mencionar que a falta de efetivo para o desempenho de suas atividades, inclusive para o enfrentamento aos crimes e criminosos de colarinho branco, representa sua principal

---

[129] A criação da DECCOR-LD se deu através da Portaria nº 031-GDG/AN/2019, do Gabinete do Delegado-Geral Luccy Keiko Leal, e vem ao encontro das disposições de leis como a de Licitações e de Lavagem de Dinheiro, que dão ênfase à repressão de crimes, em todas as esferas, contra a Administração Pública.

barreira a ser enfrentada, apesar dos claros avanços nos recentes anos com as deflagrações das Operações Pastor, *Argentum*, Topique, *Curriculum*, Boca Livre, *Delivery*, NaClo, Reagente, *Campanile* e Onzena, todas em repressão de crimes praticados contra a Administração Pública. Nesse sentido, há de se destacarem as parcerias implementadas para os avanços alcançados, primeiramente com a Controladoria-Geral da União e, com menor, mas não menos importante ênfase, com o Tribunal de Contas do Estado.

Neste capítulo, porém, destacando-se toda a importância das considerações antes feitas, abordar-se-á a atuação em rede na repressão à corrupção pública promovida pelo GAECO/MPPI.

9.2 A legitimidade investigativa do Ministério Público

Dentre as funções do Ministério Público Brasileiro, consolidou-se o seu poder de investigar por conta própria matérias de natureza penal, assentando-se essa legitimidade na aplicação da teoria dos poderes implícitos e na construção interpretativa constitucional à luz do art. 129, IX, da Constituição Federal.

Destaca-se que foi no âmbito do Recurso Extraordinário nº RE 593.727[130] que, indiscutivelmente, com repercussão geral reconhecida, materializou-se o entendimento de que o Ministério Público...

> [...] dispõe de competência para promover, por autoridade própria, e por prazo razoável, investigações de natureza penal, desde que respeitados os direitos e garantias que assistem a qualquer indiciado ou a qualquer pessoa sob investigação do Estado, observadas, sempre, por seus agentes, as hipóteses de reserva constitucional de jurisdição e, também, as prerrogativas profissionais de que se acham investidos, em nosso País, os Advogados (Lei 8.906/94, artigo 7º, notadamente os incisos I, II, III, XI, XIII, XIV e XIX), sem prejuízo da possibilidade – sempre presente no Estado democrático de Direito – do permanente controle jurisdicional dos atos, necessariamente documentados (Súmula Vinculante 14), praticados pelos membros dessa instituição.

---

[130] BRASIL. Supremo Tribunal Federal. *Recurso Extraordinário nº 593.727 MG*. Relator: Min. Cezar Peluso. Redator: Min. Gilmar Mendes. Plenário. 14 maio 2015. Disponível em: https://redir.stf.jus.br/paginadorpub/paginador.jsp?docTP=TP&docID=9336233. Acesso em: 14 nov. 2021.

Nesse diapasão, inclusive, é lapidar e inspirador o voto da Ministra Cármen Lúcia, que sustenta que "As atribuições da polícia e do Ministério Público não são diferentes, mas complementares. Sendo assim, quanto mais as instituições atuarem em conjunto, tanto melhor".[131] Perceba-se que é nesse sentido que se construíram todos os argumentos trazidos nesta obra.

Merece também ser ressaltado sentimento trazido no voto do Ministro Celso de Melo, que asseverou que em determinadas hipóteses, quando, por exemplo, por influência do poder político sob a investigação, é imperioso que o *Parquet* realize a investigação a fim de romper as barreiras do sistema político.[132] Ao que parece, na visão do ministro, a investigação ministerial estaria mais blindada nas apurações sujeitas à interferência política dos investigados.

Bem, o que se assentou, em síntese, foi que se o Ministério Público pode mover ação penal sem inquérito policial, mas tão somente com base em peças de informações que amealhou ou que foi produzida por outros órgãos de fiscalização/investigação (Receita Federal, COAF etc.), é evidente que possa também, por conta própria, realizar a investigação de natureza penal, até porque como titular exclusivo da ação penal pública é o destinatário da investigação. Ademais, se o Ministério Público pode requisitar a investigação, evidentemente, está contido dentre suas atribuições o poder implícito de também promover essa investigação diretamente.

Recepcionado esse entendimento, foi através da Resolução nº 181, de 7 de agosto de 2017, que o Conselho Nacional do Ministério Público (CNMP) regulamentou o procedimento das investigações criminais presididas pelo *Parquet*, chamando-se atenção aos seguintes pontos do referido normativo:[133]

---

[131] BRASIL. Supremo Tribunal Federal. *Recurso Extraordinário nº 593.727 MG*. Relator: Min. Cezar Peluso. Redator: Min. Gilmar Mendes. Plenário. 14 maio 2015. Disponível em: https://redir.stf.jus.br/paginadorpub/paginador.jsp?docTP=TP&docID=9336233. Acesso em: 14 nov. 2021.

[132] BRASIL. Supremo Tribunal Federal. *Recurso Extraordinário nº 593.727 MG*. Relator: Min. Cezar Peluso. Redator: Min. Gilmar Mendes. Plenário. 14 maio 2015. Disponível em: https://redir.stf.jus.br/paginadorpub/paginador.jsp?docTP=TP&docID=9336233. Acesso em: 14 nov. 2021.

[133] CNMP – CONSELHO NACIONAL DO MINISTÉRIO PÚBLICO. *Resolução nº 181, de 7 de agosto de 2017*. Dispõe sobre instauração e tramitação do procedimento investigatório criminal a cargo do Ministério Público. Brasília, DF: Presidência da República, 2017. Disponível em https://www.cnmp.mp.br/portal/images/Resolucoes/Resoluo-181-1.pdf. Acesso em: 14 nov. 2021.

Art. 1º O procedimento investigatório criminal é instrumento sumário e desburocratizado de natureza administrativa e inquisitorial, instaurado e presidido pelo membro do Ministério Público com atribuição criminal, e terá como finalidade apurar a ocorrência de infrações penais de natureza pública, servindo como preparação e embasamento para o juízo de propositura, ou não, da respectiva ação penal.

§1º O membro do Ministério Público deverá promover a investigação de modo efetivo e expedito, evitando a realização de diligências impertinentes, desnecessárias e protelatórias e priorizando, sempre que possível, as apurações sobre violações a bens jurídicos de alta magnitude, relevância ou com alcance de número elevado de ofendidos.

[...]

Art. 2º Em poder de quaisquer peças de informação, o membro do Ministério Público poderá:

I – promover a ação penal cabível;

II – instaurar procedimento investigatório criminal;

[...]

Art. 19. Se o membro do Ministério Público responsável pelo procedimento investigatório criminal se convencer da inexistência de fundamento para a propositura de ação penal pública ou constatar o cumprimento do acordo de não-persecução, nos termos do art. 17, promoverá o arquivamento dos autos ou das peças de informação, fazendo-o fundamentadamente.

Parágrafo único. A promoção de arquivamento será apresentada ao juízo competente, nos moldes do art. 28 do Código de Processo Penal, ou ao órgão superior interno responsável por sua apreciação, nos termos da legislação vigente.

Depreende-se da citada regulamentação o objetivo de concretizar a norma e sua aceitação, partindo-se, a partir daí, a se deixar claro como os membros dos Ministérios Públicos poderiam "startar" e conduzir uma investigação criminal, especialmente nos casos envolvendo crimes promovidos por criminosos de colarinho branco.

9.3 Planejamento e estruturação da investigação ministerial – fazendo na prática

9.3.1 Delimitação do objeto investigativo

Inicialmente, o membro do Ministério Público precisa delimitar a sua investigação, traduzindo-se num dos passos mais importantes, a fim de possibilitar que concretamente ela tenha início, meio e fim, o que é feito na portaria instauradora do procedimento de investigação criminal.

Não raras vezes, pode-se observar que investigações, inicialmente promissoras, acabaram por se perder no caminho devido à não adequada delimitação do objeto investigativo, como é comum em investigações de crimes praticados contra a Administração Pública. É que, geralmente, são vários e inter-relacionados os crimes praticados contra a Administração Pública que se misturam e dificultam a definição do escopo da investigação.

Veja um exemplo claro: chega até o Promotor de Justiça a informação, em uma só representação ou reportagem, seja lá qual for a notícia crime, de que uma empresa de fachada presta serviço de transporte escolar em determinado município sob sua jurisdição, vende merenda e executa obras, sendo que: as fontes dos recursos usados para tais pagamentos são federais, estaduais e, predominantemente, municipais; para piorar a situação, tem-se que a Comissão de Licitação cria obstáculos a empresas que não são da querência do Poder Público municipal e favorece aquelas carimbadas para vencer os certames; para tanto, agentes públicos ligados à Comissão de Licitação recebem propina por tais favores, além de o gestor municipal acabar executando obras diretamente com servidores e insumos do próprio município quando já havia contratado para o particular realizar o objeto contratado.

Desse simples exemplo, deflui-se que se não forem divididos os objetos da investigação, além de dificultar em muito o trabalho e de ocorrer a possibilidade de carência de atribuição para investigar-se alguns dos fatos, devido a verbas serem federais ou não, tal emaranhado de fatos prejudicará a análise mais eficiente por parte do Poder Judiciário, que sabidamente não possui magistrados habilitados a lidarem com tais casos.

Portanto, enxerga-se na delimitação inicial do objeto da investigação um ponto de suma importância para a celeridade do desfecho do caso e para a produção eficiente de provas.

9.3.2 Busca de dados e informações em fontes abertas, tratamento dos dados e descarte de hipóteses

O segundo passo, considerando-se que informações são tudo, certamente recai na junção do maior número de informação em fontes abertas, leia-se, que não necessitam de autorização judicial para acesso. Tais informações, devidamente tratadas por analistas capacitados, de logo separarão o que é importante ou não para a investigação. Destaca-se que as informações tratadas se converterão em conhecimento, o qual poderá ser utilizado nessa ou em outras investigações, reduzindo-se, assim, qualquer "retrabalho" posterior.

Não se pode olvidar, sendo esse ponto um dos mais importantes, que diversos órgãos podem auxiliar na produção de conhecimento, citando-se como exemplo os Tribunais de Contas (dos estados e da União), que detêm rica base de dados que, se bem utilizada, é de suma importância para uma eficiente e célere investigação. Entenda-se que ao se afirmar "célere" a investigação não significa que ela seja açodada ou displicente, mas, sim, que a investigação não pode durar, como se vê na prática, um longo período de tempo que acaba se traduzindo em verdadeira impunidade. Observa-se que quando se trata de dano que ocorre ao erário, enquanto a "sangria" não for estancada a sociedade estará sendo vitimada, não sendo admissível tal estado de coisas, sob pena de se tornar regra morta o princípio da efetividade do processo. Assim, repisa-se que toda investigação deve ter início, meio e fim, sob pena de, além do prejuízo para a sociedade com o crime praticado, se tolerar o consumo de energia humana e material do Estado para nada.

Voltando a discutir a contribuição das Cortes de Contas, vê-se que possuem valiosos dados dos gastos municipais e estaduais, de cada Secretaria que ordena despesas, assim como dados das empresas que contratam com o Poder Público, podendo, por exemplo, em rápida análise, em confronto com outras bases de dados, verificar que tipos de atividades a empresa investigada se propõe a realizar, se tem veículos em sua propriedade, se contratou ou não pessoas para trabalhar no período de execução do contrato público, se o endereço da empresa de fato existe, se em um mesmo endereço estão situadas empresas concorrentes, se a empresa contrata apenas com o poder público ou não, quem são os sócios e se esses tem vínculo com algum órgão público, enfim, muitas informações que podem agregar valor à investigação. Ressalte-se que tais informações, que podem ser requisitadas pela autoridade que preside a investigação, são sobremodo importantes já para descartar hipóteses investigativas dentre as possíveis, condensando a investigação o que realmente faz sentido, catalisando o caminho e priorizando o que realmente deve ser prioridade.

Um ponto que merece atenção no parágrafo anterior é a requisição, como foi dita, deixa transparecer que se trata de um simples e, por vezes, antipático ofício com prazo estipulado, porém, quando se fala em interdependência, precisa-se que as autoridades tenham o amadurecimento funcional de saberem que trabalham juntas e não uma dando comandos a outra. Ademais, deve-se ter em conta de que:

ATUAÇÃO EM REDE NA REPRESSÃO À CORRUPÇÃO NO ESTADO DO PIAUÍ | 119

quando não se sabe o que procura, dificilmente se acha o que se quer; quem não sabe perguntar, certamente também não terá uma resposta adequada, tornando-se imperiosa interlocução efetiva entre os atores da persecução e isto representa confiar e explicitar o que se pretende demonstrar.

Muitas vezes, um ofício que passa meses de setor em setor, transita em busca de uma informação que já se encontra disponível diretamente para o investigador em uma rede privada do outro órgão, de acesso restrito, mas que o investigador tem acesso diretamente em razão de acordo de cooperação técnica, convênio ou outro meio legal estabelecido entre as instituições.

Também pode acontecer de a informação dada ser longa e estafante, demandando trabalho para análise do órgão receptor, quando na verdade apenas uma pequena parte daquelas informações seria necessária. Portanto, nos dias atuais, não se coaduna com a eficiência da investigação a forma burocrática de se trabalhar, sem se fomentar jeitinhos ou informalismos, mas, sim, facilitando a movimentação do dado, da informação ou do conhecimento.

O investigador hodierno deve ter em conta que o tempo não dá prazo e nem perdoa juros. Se não for eficiente, certamente advirão a prescrição do delito, a impunidade e, o que é pior, a sensação de que na equação da criminalidade o crime compensa e recompensa. Ainda, deve levar em conta que algumas fontes de prova, por exemplo, a prova testemunhal, com o passar do tempo, tende a ir se apagando da memória das pessoas – e, quanto mais longe da data do fato, mas longe se estará da eficiência de uma investigação.

Cuida-se em alertar que uma investigação se destina no seu nascedouro a investigar fatos, e não pessoas. Fazendo uma comparação com o delito de homicídio, seria mais ou menos assim: ao se encontrar um corpo com sinais de morte violenta, instaura-se a investigação para apurar a morte, chegando-se à conclusão de que a mesma não se deu por causas naturais, estaria comprovada a materialidade e o próximo passo seria encontrar comprovadamente o autor do delito. Da mesma forma, nesse ponto inicial, ocorre com a investigação de crimes de colarinho branco, ou seja, o fato tipificado na norma foi praticado? Isto é, por exemplo, a licitação foi direcionada? Houve transações suspeitas de onde foi subtraído dinheiro público? O passo seguinte: quem concorreu para que o fato ocorresse? Quem se beneficiou desse fato? Tal discernimento é importante, pois poderá acontecer de crimes serem perpetrados ou não com a anuência de algumas pessoas que detêm foro por prerrogativa de função, o que, por consequência, prospecta consequências acerca da competência para julgamento e atribuição para a investigação na seara criminal, notadamente nos delitos em que há nítida relação de causalidade com a função ocupada.

Assim, por exemplo, diante de uma organização criminosa ("ORCRIM") do colarinho branco que tem a participação de prefeito, e com sua ajuda desvia recursos do próprio município, tem-se que a atribuição para a persecução penal em juízo, em se tratando de verbas municipais ou de outras fontes já incorporadas ao patrimônio do ente municipal, é do Procurador-Geral de Justiça, enquanto o órgão julgador será o Tribunal de Justiça do Estado. Deparando-se com tal situação, eventualmente, deve o representante ministerial de piso enviar os autos da investigação à precitada autoridade superior, ao que este atuará pessoalmente nos autos ou delegará a outros membros da instituição o múnus ou poderá agir, no caso, conjuntamente. Via de regra, os Grupos de Atuação Especial de Combate ao Crime Organizado dos Ministérios Públicos Estaduais (GAECOs) atuam nesses casos por delegação dos atos da investigação.

9.3.3 Do sigilo da investigação: acesso dos advogados e investigados

Outro passo seguinte importante é manter o sigilo da investigação. E cada representante ministerial é responsável pelo conteúdo sigiloso dos autos, na forma da lei que tem o dever de defender. Observa-se, no entanto, tal medida não se traduz ser a investigação um procedimento "secreto", devendo-se publicar a devida portaria de sua instauração, bem como se garantir o acesso aos advogados dos pretensos atingidos.

Mas ocorre que, como mesmo possibilita a lei, alguns atos, enquanto importante o sigilo para o sucesso das medidas, não devem ser juntados diretamente ao procedimento. Nesse ponto, a experiência sempre impõe que peças de informações sigilosas, tais como pedidos de quebras de sigilo bancário, fiscal ou telefônico, sempre sejam mantidas guardadas em pastas paralelas ao procedimento formal aberto. Evidentemente que essas pastas e documentos podem ser acessados pelas Corregedorias dos órgãos a fim de verificar a regularidade e a idoneidade do trabalho sob o aspecto formal, passando os seus membros também a se responsabilizarem pelo sigilo dos mesmos.

9.3.4 Busca do dado negado[134] e análise

Destaca-se, ainda, como outro ponto importante a necessidade (algumas vezes) da realização de trabalho de campo, que nada mais é que a busca *in loco* por determinada informação ou dado faltante, o que acontece muitas vezes para o devido reconhecimento de lugares, coisas e pessoas, utilizando-se de meios de captura de imagens, sons, coordenadas geográficas etc. Também, com a utilização de "estória cobertura".[135] Nesse sentido, porém, é importante destacar que essa medida não implica qualquer quebra de privacidade, por exemplo, a entrada em domicílio, ao que nesse caso se necessita de ordem judicial.

Nesse diapasão, os Promotores de Justiça do interior, por serem figuras públicas conhecidas e, evidentemente, por não terem treinamento para tal missão, via de regra, requisitam a polícia judiciária para realizarem tais buscas ou procuram o suporte de apoio dos GAECOs, que, como órgãos de auxílio, com *expertise* para tanto, buscam o dado ou informação que falta.

Muitas vezes, por exemplo, trata-se de ações simples, como averiguar se em determinado endereço existe ou não uma empresa ou se determinada obra de fato está ou não sendo construída, enfim, geralmente, representam lacunas na investigação que precisam ser completadas.

Nesse cenário, aqui importa destacar que a partir do momento em que se reconheceu a legitimidade investigativa do Ministério Público e em que ele assumiu a responsabilidade direta por essa atribuição, mister se fez dotar o órgão de estrutura e *know-how* para realizar a contento a missão. Dessa forma, consolidou-se, país afora, uma estrutura básica e comum dos GAECOs de firmar termos de cooperação e/ou convênios no sentido de outros agentes do Estado trabalharem no interior dessas unidades especializadas. Assim, em algumas dessas unidades, há policiais civis, militares ou policiais rodoviários federais que, hábeis na doutrina de inteligência e para a produção de conhecimento, auxiliam na busca de dados abertos ou negados. O fato é que tal *layout* tem dado bons resultados, pois, pela dinâmica exigida em investigações de crimes contra a Administração Pública, o compartilhamento direto de informações e, sobretudo, a confiança na equipe são aspectos basilares no desenvolvimento do trabalho. Aqui, mais uma vez se repisam o

---

[134] Dado negado é o dado não disponível e que se necessita de uma operação para obtê-lo.

[135] Estória cobertura é uma identidade de proteção usada para pessoas, instalações, organizações, para encobrir os verdadeiros propósitos e atos nas atividades de inteligência.

conceito e o fundamento da interdependência de papéis, posto que na produção do conhecimento em tais tipos de crimes, comumente, são necessários conhecimentos de outras áreas da ciência, por exemplo, da contabilidade, da tecnologia da informação, da estatística, da auditoria etc.

No GAECO Piauí, por exemplo, foi criado o Núcleo de Investigação Patrimonial (NIP), em parceria com o Tribunal de Contas do Estado do Piauí, onde foi montada uma base avançada de inteligência no sentido de auditores daquele órgão auxiliarem os Promotores de Justiça na decodificação de dados de contas públicas, balancetes, empenhos, pagamentos etc., diminuindo-se, sensivelmente, o caminho para contato e interpretação dos dados, especialmente os originários daquela Corte de Contas.

Com esse sentimento do dever de evoluir na investigação, foram atraídos ao interior dos GAECOs sistemas informatizados de análises de dados, tais como o Sistema de Investigação de Informações Bancárias (SIMBA) e o Sistema de Investigação de Registros Telefônicos e Telemáticos (SITTEL), ambos desenvolvidos pelo setor de tecnologia do Ministério Público Federal. No Ministério Público do Piauí, criou-se a Base Integrada de Dados (BID), ferramenta de *business intelligence* que acoplou a base de dados de vários órgãos públicos, tais como Receita Federal, Detran PI, CENSEC e Junta Comercial, dentre outros, que catalisaram o processo de buscas de dados não submetidos a quebra de sigilo judicial.

9.3.5 Separação de alvos da investigação em núcleos

Voltando à linha de uma investigação centrada em objetivos, é de bom alvitre que os alvos sejam separados em núcleos de acordo com importância e missão desempenhada por cada um dos componentes da organização criminosa, pois isso ajuda na avaliação operacional de prioridades, já que se deve ter em mente que os recursos operacionais são limitados, assim como é importante saber da fragilidade e dos pontos fortes de cada um deles a fim de delinear estratégias investigativas, por exemplo, uma colaboração premiada.

Nessa seara, vale ressaltar, por exemplo, que aquele que primeiro delata e não é o líder da organização criminosa tem maiores benefícios legais em relação aos demais integrantes, o que corrobora com a necessidade da triagem acerca das pessoas investigadas e de suas divisões por núcleos, o que também facilitará o ingresso das futuras ações penais e, por consequência, o trabalho do Poder Judiciário, haja vista a divisão e a sistematização pedagógica dos delitos e autores, facilitando a melhor compreensão da "ORCRIM", o que, via de regra, não é tão facilmente perceptível, notadamente, para os magistrados não acostumados a julgar esse tipo de crime.

Na Operação Escamoteamento, que foi conduzida pelo GAECO/ PI, por exemplo, devido à complexidade dos fatos e ao número de pessoas envolvidas, decidiu-se pela divisão em núcleos e, assim, foram separados os núcleos: político, operacional, empresarial e de laranjas.

O núcleo político foi composto por prefeito e secretários municipais, que, conforme investigado, atuavam ativamente com o escopo de direcionar licitações às empresas do esquema criminoso, sendo a comissão de licitação mera *longa manus* do interesse desse grupo, posto que criava regras ou empecilhos no sentido de afastar outras empresas verdadeiramente interessadas no certame público.

O núcleo empresarial contemplou os sócios das pessoas jurídicas que eram beneficiadas com o esquema, que emitiam notas fiscais graciosas, desconformes, em face dos municípios de seus fundos especiais para justificar despesa públicas, recebendo percentuais (propinas) pelas obras ou serviços não executados ou executados diretamente pelo município com emprego de pessoas e insumos municipais, ou executados com materiais de qualidade inferior, ou executados em quantidade menor que o efetivamente era contratado, tudo no sentido de render "gorduras" que seriam depois repartidas entre gestores e os aparentes empresários.

O núcleo de operadores, por seu turno, era composto por pessoas físicas, sócias ou não das empresas investigadas, que eram responsáveis por saques ou aprovisionamento de elevadas quantias em dinheiro, identificadas pelo COAF, ou beneficiadas por transferências de altos valores de empresas investigadas em suas próprias contas. Esse núcleo tinha a missão de, após as transferências serem feitas pelo município às empresas, sacar as quantias, retirar o percentual da propina acertada e o restante entregar ao núcleo político. Chama atenção o fato de não ser comum, notadamente com a insegurança em que vivemos, uma pessoa se dirigir a um banco para sacar quantias de cem mil, duzentos mil ou até meio milhão de reais em espécie, quando se sabe que poderia pagar empregados ou fornecedores via próprio sistema bancário, com simples transferência eletrônica. Destarte, esse artifício se dá justamente para impedir o rastreamento e a devida identificação dos efetivos beneficiários pelo sistema bancário. Altos volumes de dinheiro em malas, em residências, enfim, é um grande sinal de alerta para os investigadores, nesse ramo de criminalidade.

Por fim, o núcleo laranjas era composto por pessoas residentes no município que tinham vínculo com a administração municipal, que recebiam valores do núcleo empresarial, uma espécie de "mesadinha" pela facilitação da engrenagem criminosa, notadamente com o favorecimento de apadrinhados políticos que apoiavam o gestor, fiscais de obras, enfim.

Para o caso mencionado, importa destacar a ordenação, a especialização, a estruturação e o alcance das atividades dessa "ORCRIM", pois, depois, se verificou que tal grupo não somente agia no município onde se desenvolveu a 1ª fase da Operação Escamoteamento, mas em dezenas de municípios vizinhos e até de outros estados, como o Ceará e o Maranhão. Sempre com a atuação sistematizada de se aproximar, cooptar o gestor do município, oferecer vantagens para, posteriormente, entrar em plena atividade. Nesse diapasão, foi sobremodo importante a colaboração premiada por uma das integrantes do núcleo operacional, a qual tinha em arquivos (planilha do Excel) toda a contabilidade do crime, tais como propinas pagas a diversos gestores em vários municípios, benesses pagas a integrantes da comissão de licitação que iam desde valores depositados em contas bancárias a doação de mimos, inclusive veículos. A colaboradora ainda relatou e comprovou a articulação para que determinadas empresas pertencentes ao grupo desistissem de um certame, ou até mesmo o pagamento de propina para que empresas adversárias que não participavam do esquema se afastassem da licitação.

9.3.6 Busca, apreensão e cadeia de custódia

A cadeia de custódia, conforme reza o art. 158-A da Lei nº 13.964/19,[136] nada mais é que o conjunto de todos os procedimentos utilizados para manter e documentar a história cronológica do vestígio coletado em locais ou em vítimas de crimes, para rastrear sua posse e manuseio a partir de seu reconhecimento até o descarte. Portanto, tem importância fundamental a fim de ligar os elementos de provas colhidos aos investigados, dando detalhes de onde foi encontrado e como foi encontrado. Como exemplo, pode-se citar, em busca e apreensão, o caso de um *pendrive* ou documento escrito apreendido na residência de um determinado alvo, ou a extração de conteúdo de celular ou de um computador pertencente a determinada pessoa, sendo de fundamental importância não se misturar os elementos probatórios, não se contaminar

---

[136] BRASIL. *Lei nº 13.964, de 24 de dezembro de 2019.* Aperfeiçoa a legislação penal e processual penal. Brasília, DF: Presidência da República, 2021.

as provas, o que em acontecendo pode gerar dúvidas do real detentor de tais elementos e fragilizar a investigação.

Assim, sempre se recomenda o registro no devido auto de apreensão de cada peça apreendida em determinado local, por alvo investigado, com descrição de suas características, vinculando-se adequadamente ao respectivo alvo, assim como designação das autoridades responsáveis pelo achado e seu respectivo registro.

Um bom registro e guarda dos materiais apreendidos permitem melhor e mais eficiente análise posterior e, consequentemente, melhor apresentação do contexto probatório a partir dos Relatórios de Materiais Apreendidos (RAMAs).

9.3.7 Busca conjunta

Outro aspecto importante afeto à interdependência de papéis institucionais é sem dúvidas a realização de operações conjuntas, ou seja, com a presença *in loco* nos locais de busca de pessoas com diferentes *expertises* e de diferentes órgãos, medida essencial para uma boa triagem do material a ser apreendido e, posteriormente, analisado (*vide* Figuras 12 e 13).

Figuras 12 e 13 – Buscas conjuntas, interinstitucionais

Fonte: elaboradas pelos autores.

Observa-se que material apreendido e não analisado é igual a material não apreendido. De nada vale os investigadores e colabores trazerem consigo inúmeros documentos e mídias que não têm a menor relação com os fatos investigados, posto que terão um trabalho hercúleo para verificar cada um deles e chegar à conclusão de que não importam à investigação. É nessa esteira que se faz necessário, com singular importância, que no momento operacional das buscas se tenha pessoas que conheçam a fundo a natureza dos fatos investigados, visto que, às vezes, uma simples anotação em um papel, um bilhete ou uma agenda apreendida é suficiente para a demonstração do vínculo entre pessoas que estão sendo investigadas. Nesse encontro de meios de prova, por exemplo, já ocorreu de uma simples folha de papel, com anotações de próprio punho, haver dados com nomes de gestores e servidores públicos relacionados a percentuais de propinas e respectivas obras ou serviços de onde seriam descontados esses valores, o que depois poderá ser *linkado* com outros dados, por exemplo, os advindos da quebra do sigilo bancário dos alvos.

Dessa maneira, já ocorreu de um simples bilhete apontar o nome do prefeito, a obra licitada e o valor que seria pago à empresa contratante, assim como o percentual que teria sido acordado em termos de pagamento de propina. De posse de uma simples anotação dessa, realizando-se a quebra do sigilo bancário poderá se configurar a materialidade, e, portanto, comprovar-se a hipótese inicialmente prospectada, apontando, sem dúvidas, também a autoria delitiva.

Evidentemente, "ORCRIMs" dessa natureza vêm se escudando com manobras no sentido de dificultar o rastreamento de valores pagos indevidamente, por exemplo, o *modus operandi* defensivo comum com o saque na "boca do caixa" de quantias vultosas em espécie, dinheiro vivo, inclusive para posterior lavagem. Isso é feito para não se deixar rastros dentro do sistema bancário. Contudo, mesmo assim, certamente pelo senso da impunidade, muitas quantias pagas a título de propina ainda são transferidas pelo sistema bancário, diretamente, de empresas investigadas até para contas pessoais de gestores ou de séus parentes, ou até pessoas próximas, às vezes servidores públicos, traduzindo-se esses últimos em simples "laranjas".

Convém destacar que há outros *modi operandi*, por exemplo, o pagamento de contas pessoais dos gestores envolvidos diretamente pelas empresas que contratam com a municipalidade, sendo possível comprovação de tal artifício. Na Operação Escamoteamento, por exemplo, verificou-se que uma mansão construída por um prefeito teve todo o material pago por uma empresa que contratou com o município e, nesse caso, conseguiu-se comprovar a hipótese através da quebra do sigilo bancário da empresa e de seus sócios, mas se contando com o suporte de outra técnica de investigação – a colaboração premiada – na qual a colaboradora pontuou detalhadamente, mostrando inclusive extratos bancários das transferências feitas para a compra de materiais para a residência particular do prefeito. Ficou patente a fraude ao se ver a natureza dos objetos comprados pela empresa, por exemplo, porcelanato, vidros caros temperados, banheiras luxuosas, peças essas que, de certo, não seriam utilizadas na reforma ou construção de escolas públicas, mercados públicos ou creches. Assim, verificou-se que havia um horizonte muito amplo no campo da investigação para se chegar à verdade, a pedra de toque é o investigador ter o *feeling* para captar tais manobras e possibilidades.

Voltando ao cerne deste subitem, convém dizer que não é somente importante a participação de servidores públicos de outros órgãos no momento da triagem do material a ser apreendido, mas especialmente na análise de tais materiais, posto de singular e reconhecida qualidade os relatórios que produzem. Em cada relatório elaborado por esses colaboradores – o denominado Relatório de Análise de Material Apreendido (RAMA) – caracterizam-se o documento, *software*, mídias etc., cada item apreendido, destacando sua importância ou não em face da investigação, e se descreve detalhadamente qual a ligação, ou seja, a pertinência com os fatos investigados. Nesse ponto, destaca-se que uma análise acurada é muito importante, pois não sacrifica prova, pois, na vivência investigativa, já se viu um determinado dado ser desconsiderado, e depois de uma análise mais criteriosa, ser identificado como de grande importância. Nesse diapasão, também se recomenda a reanálise do mesmo material por outro analista, como se um estivesse auditando o trabalho do outro, dois ou mais prismas de visão, a fim de peneirar e captar o que é importante para a investigação.

Assim, os RAMAs esclarecem acerca do que foi encontrado na casa de determinado alvo, qual a suspeita que recai sobre o mesmo e a pertinência que tem com a hipótese investigativa, ou seja, são documentos orientadores que evidentemente passarão por mais um crivo, qual seja, do membro do Ministério Público, a fim de aquilatar se são realmente suficientes para propositura de eventual ação penal. Veja-se a importância de os investigadores envolvidos na busca terem uma visão, pelo menos, superficial da investigação a fim de saberem o que procurar. Evidentemente, que se tem em conta no cenário da investigação a chamada compartimentação das informações, ou seja, o acesso limitado ao conteúdo dos atos em apuração. Contudo, essa salutar compartimentação, sem dúvida importante para o sigilo da investigação, não pode vir a se traduzir em inefetividade, como se os investigadores estivessem separados em compartimentos estanques.

9.3.8 *Briefing* e buscas

A palavra *briefing* é empregada no sentido de dar informações e instruções concisas e objetivas sobre uma missão ou tarefa a ser executada. Assim, no contexto de eventuais operações, conjuntas ou não, ela traduz o momento iminente à deflagração da operação no qual são repassadas várias informações relevantes da investigação, relacionadas às buscas e à necessária produção de provas, sem se esquecer de pontuar os aspectos relevantes da autorização judicial. É nesse momento que as equipes são divididas com o devido cuidado de que se tenha pelo menos uma pessoa com conhecimento global da investigação por equipe, sob pena de se perder material importante no procedimento de buscas de meios de prova.

A organização e os esclarecimentos trazidos nesse momento podem significar o sucesso de toda a investigação, pois daí se seguirá para a singular importância de se encontrarem e apreenderem provas essenciais aos esclarecimentos dos fatos investigados (*vide* Figuras 14 e 15).

Figuras 14 e 15 – *Briefing*: pré-operação

Fonte: elaboradas pelos autores.

9.3.9 Análises pós-operação: pontos importantes

Essa é uma das fases mais importantes da investigação. Denominada informalmente de "pós-operatória", caracteriza-se por implicar trabalhos mais demorados, exigentes e cansativos, momento de muitas análises, produção de relatórios e em que o investigador já trabalha com prazos para o oferecimento de denúncia. Ademais, tem-se que a eventual constrição de bens não poderá permanecer nessa condição *ad aeternum*. Assim, nesse momento, corre-se contra o tempo para fazer as ligações necessárias a fim de comprovar a hipótese

ATUAÇÃO EM REDE NA REPRESSÃO À CORRUPÇÃO NO ESTADO DO PIAUÍ | 129

investigativa, uma dura realidade que se impõe sobre o investigador. A fim de se ilustrar o pensamento que deve ter o investigador nesse momento, afina-se com as palavras do reconhecido Promotor de Justiça paraibano Octávio Paulo Neto, que assevera que em se tratando de investigação "o bom é melhor que o ótimo". Na visão do experiente coordenador do GAECO/PB, muitas vezes o investigador insiste em procurar a "cereja do bolo", o que certamente demanda muito esforço, quando com o que já se tem é suficiente para a formatação do "bolo", ou seja, o entabulamento da denúncia criminal pelo Ministério Público, jamais se esquecendo de que se poderá, a bem da verdade trazidos por fatos novos, eventualmente se aditar a denúncia.

Como se sabe, crimes de colarinho branco são conhecidos como "delitos consensuais", ou seja, são aqueles em que as partes envolvidas, corrupto e corruptor, não têm interesse nenhum que suas práticas ardilosas venham a público, sendo diferente de outros tipos de crimes comuns onde, muitas vezes, há uma tensão entre duas partes. Nessa espécie de crime, quase nunca um aponta o fato praticado pelo coautor ou partícipe, requerendo-se um rigoroso processo técnico de dedução e prova para se chegar à confirmação dos fatos.

Tomando o exemplo citado alhures, como explicar um prefeito ter a sua casa construída com materiais pagos por um estranho? Justamente uma empresa que ganhou um contrato com o município no qual exerce o poder de mando? Sabe-se que no mundo empresarial a regra que impera é a do lucro. Então, qual seria o motivo desse altruísmo? E esse contexto fica ainda mais interessante quando se conseguiu agregar informações de que outras empresas concorrentes foram indevidamente desabilitadas do certame público que teria fomentado a contratação dessa empresa (ponto esse, tecnicamente, explicado no RAMA). Nessa operação, em interceptações telefônicas, ficaram evidenciados: as irregularidades perpetradas pela comissão de licitação, os direcionamentos das licitações, esses já indicados nas análises dos respectivos processos; anotações em agenda da empresa que indicavam os percentuais com o nome do gestor; encontrou-se a informação de que a empresa que vendeu materiais de construção, supostamente para obras municipais, cuidou para que esses materiais fossem entregues no local onde a residência do prefeito estava sendo construída; conversa extraída no WhatsApp do celular do empresário aponta o prefeito cobrando o pagamento de sua parte, já que há dias havia determinado a secretaria de finanças do município que realizasse o seu pagamento, que realizada a transferência ainda não teria sido cumprido o acordado. Como resultado da operação, uma das investigadas, presa preventivamente, fez uma colaboração premiada, e, na condição de responsável pelas finanças do esquema, apresentou extratos com datas e valores, planilha de propinas que eram pagas sistematicamente há anos, aduzindo em seu depoimento na colaboração premiada que os materiais luxuosos não seriam utilizados pela empresa, mas, sim, enviados ao prefeito em razão do acordo no momento da licitação. Logicamente, o prefeito e o dono da empresa envolvidos no esquema negaram os fatos, o que geralmente acontece, mas não há outra conclusão senão no sentido de restarem plenamente materializados os crimes de fraude a licitação, corrupção ativa e passiva, organização criminosa, dentre outros possíveis.

Nas análises dos documentos e materiais apreendidos, no pós-operação, os relatórios produzidos por auditores da Controladoria-Geral da União (CGU), Tribunal de Contas do Estado (TCE) e Tribunal de Contas da União (TCU) fornecem importante *plus* à investigação, pois são feitos por *experts* no assunto e que logo cruzam informações de pessoas jurídicas, pessoas físicas, pessoas recebedoras ou não de benefícios sociais, pessoas ocupantes ou ex-ocupantes de cargos públicos, ou agentes políticos; indicam vínculos de parentescos, enfim, produzem um conteúdo interligado, concatenado, auxiliando assim o Ministério Público no sentido de apontar materialidade e autoria delitiva. Destaca-se que sem tais relatórios, esses dados todos nada mais são que fonte de informações descontextualizadas, desprovidas de conhecimento, como um jornal picotado em palavras por palavras e posteriormente misturados. Sem a atividade desses órgãos para religar as palavras, navega-se num universo de dados sem sentido. Portanto, é a partir desses relatos (RAMAs) que se dá sentido ao que inicialmente parecia não fazer sentido.

9.3.10 Facilitando a análise do contexto probatório para o magistrado

Ao se oferecer denúncias nos crimes de colarinho branco, convém facilitar ao máximo o entendimento do contexto probatório ao magistrado, uma vez que ele decidirá quase sempre em razão de provas indiciárias – indícios e evidências é que formularão sua convicção.

Nesse diapasão, convém aproveitar para pontuar que o magistrado que lida com esse tipo de fenômeno criminoso não pode ter visão monocular, ao revés, deve ter uma visão ampla capaz de imprimir um processo de interpretação lógico dedutivo, levando-se em conta aqui o adágio popular de que não existe "almoço de graça". Nessa perspectiva, tem-se que as autoridades que labutam na área criminal, juízes, promotores e delegados, não podem aplicar a mesma forma de análise que, por exemplo, fazem em um delito de homicídio, onde um vídeo ou uma testemunha ocular abonam a autoria. Nesses casos, como já dito, impera a *omertà* (a lei do silêncio da máfia italiana), e dificilmente, exceto nos casos de colaboração premiada, pode se ter uma visão mais aprofundada dos fatos no que diz respeito ao dolo, o que, de certo, não é motivo nem para a impunidade nem para conclamar a condenação sem prova. São todos esses dados periféricos encontrados, que devidamente analisados e concatenados, transformam-se em informações e conhecimento, este certamente suficiente para a demonstração e confirmação da hipótese. Ademais, há de se observar que o conhecimento produzido se firma quando o(s) investigado(s) não tem(êm) qualquer justificativa plausível para contrapor o que se afirmou de forma conclusiva.

Nesses casos, devido à complexidade dessas infrações, os atores do processo criminal devem ter uma visão multifocal, diria até holística, no sentido de identificar e relacionar os fatos, dados e informações, tudo para a produção do melhor conhecimento a fim de se promover decisões devidamente fundamentadas, como a lei exige.

Agora, exigir, como já visto na labuta diária, infelizmente, por parte de algumas autoridades, "recibo de propina", é chancelar a prova diabólica, para não dizer total falta de honestidade intelectual. Ademais, servidores públicos e agentes políticos, pela lei, devem comprovar a sua evolução patrimonial. Nessa esteira, em evidente descompasso entre o que percebe a título de remuneração pelos cofres públicos e seu efetivo patrimônio líquido, deve o ônus recair sob esses agentes no sentido de demonstrar a licitude dos seus bens.

9.4 A Operação Escamoteamento – apertada síntese

A Operação Escamoteamento foi conduzida pelo GAECO, desdobrada em quatro fases, todas com a finalidade principal de desarticular "cartel de empresas cearenses que estariam desviando recursos públicos, *a priori*, de um município piauiense" e romper com o esquema de corrupção implantado com provável colaboração de servidores públicos e do Prefeito municipal. Foi realizada conjuntamente com a participação de vários órgãos de controle, desde o seu planejamento, passando pelas buscas e posterior análise dos materiais apreendidos.

Inicialmente, importa colocar que denúncia de uma vereadora formulada em diversos órgãos de controle, incluindo-se aí o Ministério Público e o Tribunal de Contas do Estado, indicou possível "sistema fraudulento de licitações" no seu município. Denunciou o desabamento do teto de uma creche municipal "gerando grande susto e pavor nos moradores que residem perto do local", e indagou se as obras municipais estavam sendo realmente executadas com boa técnica e preço. Mencionou o fato de que muitas construtoras que realizavam obras no município eram originárias do Estado do Ceará, ressaltando que nas cidades que "constituem a Serra da Ibiapaba foi descoberto um forte esquema fraudulento de licitações, envolvendo empresas e municípios circunvizinhos, inclusive com vários mandados de prisão, busca e apreensão de vários donos das empresas envolvidas nesse esquema ora citado; ficando conhecida como a chamada Operação Província II. Levantou um questionamento se no município se teria possibilitado a formação de "um Cartel dessas empresas?".

Então, no âmbito do Tribunal de Contas do Estado, especificamente, na sua unidade de informações estratégicas, relatório externo de informações indicou possíveis desvios de recursos públicos, com fraudes, corrupção e lavagem de dinheiro com ocultação de bens e valores oriundos das práticas fraudulentas relacionadas ao contexto denunciado. O precitado relatório foi então encaminhado ao Ministério Público do Estado do Piauí, especificamente ao GAECO, para a realização das diligências e medidas de sua competência, sendo essas necessárias ao perfeito esclarecimento dos fatos.

Ciente da denúncia da vereadora, o GAECO já havia iniciado o Processo de Investigação Criminal nº 002/2016 e um amplo levantamento de dados e informações, chegando-se em hora oportuna o relatório encaminhado pela unidade de inteligência da Corte de Contas.

Com a robustez das informações, ainda sem a sugestiva participação do prefeito até o momento da sua primeira fase, a autoridade ministerial requereu medidas cautelares ao Poder Judiciário de primeiro grau, que concedeu 23 mandados de buscas e apreensões (realizadas em quatro municípios cearenses e três municípios piauienses), 22 conduções coercitivas (possíveis à época) e 13 prisões preventivas. Todas as buscas foram devidamente realizadas com a apreensão de celulares, computadores, documentos, duas armas de fogo e cerca de R$37.000,00 em espécie.

A seguir, de forma ilustrativa, conforme divulgado em coletiva à imprensa, apresenta-se uma síntese do que foi essa primeira fase dessa operação (*vide* Figuras 16 a 30).

ATUAÇÃO EM REDE NA REPRESSÃO À CORRUPÇÃO NO ESTADO DO PIAUÍ | 133

Figuras 16 a 30 – Apresentação GAECO: Operação Escamoteamento, 1ª fase (abril de 2017)

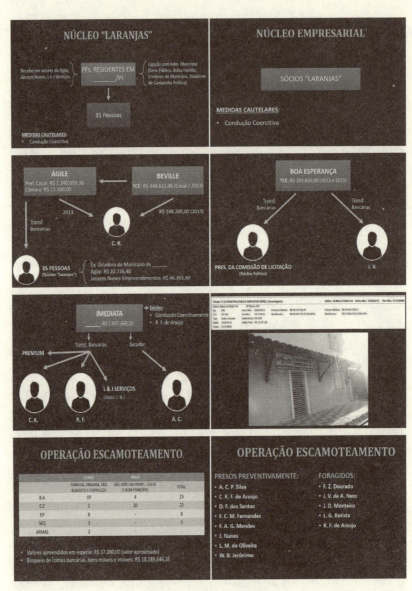

Fonte: GAECO; MPPI (2017).

Então, após o cumprimento das cautelares, em relação aos documentos e materiais apreendidos, uma força tarefa composta de servidores do Ministério Público do Estado, da Controladoria-Geral da União (CGU), do Tribunal de Contas do Estado (TCE) e do Tribunal de

Contas da União (TCU) realizou as suas devidas análises com a produção dos correspondentes RAMAs, que foram entregues ao GAECO para subsidiar o oferecimento das denúncias e também a deflagração das demais fases da operação.

Em decorrência dessa primeira fase, a investigada A. C. P. Silva, então presa preventivamente, acertou colaboração premiada com o GAECO do Ministério Público do Estado e forneceu todas as informações do esquema criminoso, com o fornecimento de provas registradas, principalmente, em conversas, fotografias e *prints* gravados em seu celular. A precitada colaboração foi aceita e homologada pela autoridade judiciária competente e, conjuntamente com os Relatórios de Materiais Apreendidos, ajudou na elucidação do esquema criminoso e na necessidade de novos desdobramentos e fases da investigação.

A primeira fase ocorreu em 7 de abril de 2017, cerca de um ano após a denúncia por parte da vereadora, seguindo-se com as fases 2 a 4 nas datas de 24 de outubro de 2017, 24 de agosto de 2018 e 18 de outubro de 2018, respectivamente. Portanto, em aproximadamente 18 meses, foram realizados compartilhamentos de dados e informações, cruzamentos de dados, levantamentos de campo, deflagração de buscas e apreensões, prisões, levantamentos e buscas patrimoniais dos investigados, oitivas e oferecimento das respectivas denúncias, o que certamente somente foi possível em razão de cooperação, colaboração e integração entre os órgãos de controle coordenados, no caso, pelo GAECO/MPPI.

9.5 A Operação *Il Capo* – apertada síntese

A Operação *Il Capo*, deflagrada pelo GAECO/PI em 24 de outubro de 2016, materializa a fórmula proposta pelo estudioso norte-americano Robert Klitgaard que descreve a *corrupção* como sendo o resultado da equação *monopólio da decisão* mais *discricionariedade* menos *transparência* (C=M+D-T).[137] Representou um marco no combate à corrupção no Estado no Piauí, pois, além das práticas nefastas comuns a esse tipo de delito, que corroem a gestão da coisa pública e causam descrença no próprio aparelho estatal, as ações ilegais eram praticadas dentro do próprio Ministério Público, instituição que detém o dever constitucional

---

[137] KLITGAARD, R. *Controlling corruption*. Berkeley: University of California Press, 1988; KLITGAARD, R.; MacLEAN-ABAROA, R.; PARRIS, H. L. *Corrupt cities*: a practical guide to cure and prevention. Oakland; Washington: ICS Press; World Bank Institute, 2000.

de fiscalizar a aplicação correta dos recursos públicos, o dever de ser exemplo de probidade e moralidade.

No período de 2004 a 2008, pelo menos, foi verificada uma sangria expressiva de recursos financeiros dentro da instituição, tendo como chefe do esquema criminoso ninguém menos que o então Procurador-Geral de Justiça, o líder maior do Ministério Público Estadual. Destarte, é bom que se diga que a investigação somente foi possível após um dos membros da instituição ter acesso à secretíssima folha de pagamento do órgão, vislumbrando-se desde logo a ocorrência de uma série de ilegalidades, a ponto de merecer a atuação do Conselho Nacional do Ministério Público.

Segundo a fórmula proposta por Robert Klitgaard: quanto menos transparência, mais corrupção. Especificamente, nesse caso, a falta de transparência era reinante no Ministério Público do Piauí, sendo que nem mesmo o Tribunal de Contas, à época dos fatos, tinha acesso integral à folha de pagamentos da então gestão, conforme se extrai da denúncia criminal apresentada em face da "ORCRIM":

> Ademais, o PGJ à época, o denunciado Emir Martins Filho, não autorizou que o TCE/PI extraísse cópias necessárias da ficha financeira do MP/PI "para comprovação de possíveis ilegalidades, constatadas, o que prejudicou o desenvolvimento dos trabalhos relativos ao item pessoal".[138]

Na ampla maioria dos casos de corrupção, a ausência da transparência pública contribui para encobrir ilegalidades praticadas pelos gestores, escondendo-se ou procurando esconder os meios de prova que futuramente lhes possam incriminar, além de permitir uma prática corrupta sistemática e duradoura, sem a possibilidade de um acompanhamento *pari passu* da execução orçamentária e financeira que revele a conduta ímproba. Aposta-se, assim, na impunidade do(s) crime(s), promovendo-se o distanciamento dos fatos praticados de eventual investigação e, consequentemente, na grande possibilidade da prescrição da pretensão punitiva.

---

[138] A partir da denúncia formulada pelo Ministério Público do Estado do Piauí que iniciou o procedimento ordinário de ação penal autuado no Tribunal de Justiça do Estado do Piauí sob nº 0000162-03.2017.8.18.0008 – Ação Penal Promovida pelo Ministério Público Estadual, através do GAECO, data de 15 de dezembro de 2016, recebida na Central de Distribuição do TJPI em 15 de dezembro de 2016, às 11:05 h, sob protocolo 011133, com sentença em 26 de fevereiro de 2021. Disponível em: https://www.tjpi.jus.br/themisconsulta/processo. Acesso em: 14 nov. 2021.

ATUAÇÃO EM REDE NA REPRESSÃO À CORRUPÇÃO NO ESTADO DO PIAUÍ | 137

Assim como ocorreu no caso aqui narrado, a falta de transparência costuma ser incrementada por uma deliberada "desorganização" estrutural burocrática para debitar eventuais ilegalidades à conta de "meras" e "singelas" falhas do setor competente, animando-se os infratores para se defenderem sob os desprovidos argumentos de meros erros técnicos e do desprovimento de conhecimentos teóricos por parte de gestores e servidores públicos. É como se as ilegalidades praticadas fossem frutos, exclusivamente, do desarranjo institucional e não da(s) ação(ões) deliberada(s) do mau gestor público. Neste diapasão, narra a denúncia:

> Valendo-se desta total informalidade, o Gestor do MPPI à época, o sr. EMIR MARTINS FILHO, nomeava comissionados e estagiários utilizando-se de um único critério: o pessoal. Nomeou parentes próximos que receberam valores vultosos e incompatíveis com os próprios cargos que exerciam. Não havia sequer portarias de nomeação destas pessoas, fazendo constar seus nomes somente na folha de pagamento que era remetida aos bancos por meio de arquivos TXTs, os quais efetuavam, mês a mês, o pagamento dos salários dos servidores do MPPI.[139]

No caso em tela, observa-se que o *monopólio* e a *discricionariedade* das decisões, que contribuíram para a violação dos estágios da despesa pública, foram fatores determinantes para maximizar o resultado da corrupção imposta ao órgão ministerial. No primeiro caso, ficou evidenciado que tão somente o então procurador-geral de justiça e o funcionário responsável pelo sistema de folha de pagamento tinham acesso irrestrito aos dados de pagamento das folhas, concentrando assim apenas nas mãos deles as informações dos desvios de recursos. Nesse sentido, à época, não havia qualquer suporte de decisão colegiada, como hoje se pratica para dificultar o cometimento de atos ilegais e dividir colegialmente a responsabilidade.

Quanto à *discricionariedade*, ela também foi fator ensejador dos crimes praticados, pois aquele que tinha o poder exclusivo da decisão de facultar ou não acesso aos dados e informações do órgão, por lhe representar, era exatamente aquele que dolosamente comandava o

---

[139] A partir da denúncia formulada pelo Ministério Público do Estado do Piauí que iniciou o procedimento ordinário de ação penal autuado no Tribunal de Justiça do Estado do Piauí sob nº 0000162-03.2017.8.18.0008 – Ação Penal Promovida pelo Ministério Público Estadual, através do GAECO, data de 15 de dezembro de 2016, recebida na Central de Distribuição do TJPI em 15 de dezembro de 2016, às 11:05 h, sob protocolo 011133, com sentença em 26 de fevereiro de 2021. Disponível em: https://www.tjpi.jus.br/themisconsulta/processo. Acesso em: 14 nov. 2021.

esquema criminoso, cuidando de impor limites e criando subterfúgio para escamotear suas práticas ilegais.

Na Operação *Il Capo* (do italiano "O Chefe"), demonstrou-se uma rede articulada e organizada de desvio de recursos públicos e que impedia a efetiva fiscalização pelos órgãos de controle, como o próprio Tribunal de Contas, que recebia apenas os valores globais gastos com despesa de pessoal, sem a especificação individualizada dos valores e seus beneficiários comissionados. Destaca-se que os desvios se concentraram no pagamento de pessoal, sendo, que em órgãos dessa natureza, as despesas de pessoal são exatamente as mais expressivas e relevantes, pois suas atribuições são exercidas por membros e servidores bem remunerados exatamente para minimizar a oportunidade dos desvios de conduta.

Com o impedimento do Tribunal de Contas de ter acesso aos dados e com a notícia crime firmada por um membro da instituição, foi possível a intervenção do Conselho Nacional do Ministério Público (CNMP) no sentido de se averiguar a prática de algum crime, que à época realizou rigorosa inspeção no órgão e elaborou extenso relatório que consignou diversos achados importantes, como se exemplifica parcialmente a seguir:

3. RELATÓRIO DE INSPEÇÃO DO CNMP (Conselho Nacional do Ministério Público). CONCLUSÃO. À fl. 223 dos autos do PIC, após profunda e extensa investigação, o CNMP asseverou: "Por solicitação da comissão, a Procuradoria Geral de Justiça do Piauí forneceu arquivos digitais que representavam as folhas de pagamentos do MPPI de janeiro de 2005 a março de 2009. Os dados vieram organizados em planilhas eletrônicas, uma para cada ano. Contudo, a comparação entre os dados fornecidos pela PGJ e os contracheques existentes nos autos demonstrou a existência de divergência entre os valores consignados, o que levantou a hipótese de que os arquivos contendo os dados históricos das folhas de pagamento tenham sido alterados para ocultar irregularidades. [...] Conforme consignado da ata de reunião de instrução, no dia 26/03/2009, na parte da manhã, a comissão dirigiu-se à sede da PGJ e lá procedeu à cópia dos discos rígidos dos dois microcomputadores utilizados no setor financeiro. Os arquivos copiados foram analisados pelo analista de sistemas Erich Raphael Masson, do Ministério Público do Mato Grosso, conforme relatório de Análise, que confirmou a hipótese de manipulação de dados".

Esses fatos são graves, pois indicam a deliberada intenção de prestar informações falsas à comissão instituída pelo Conselho Nacional do Ministério Público (e, aparentemente, também ao Tribunal de Contas do

Piauí, visto haver sido relatado que os mesmos dados foram enviados àquela corte de contas). É provável que a alteração dos dados tenha ocorrido no dia 15/09/2008, mas as informações disponíveis no sistema não permitiram identificar o usuário por elas responsável. O exame pericial identificou também os arquivos gerados pelos programas utilizados para o crédito dos vencimentos e subsídios do Banco do Brasil, Caixa Econômica Federal e Unibanco, o que permitiu o cruzamento entre as informações constantes nos arquivos de armazenamento e as ordens de crédito efetivamente enviadas aos bancos. Constatou-se conforme descrito no item 4.1.2, que as ordens de crédito coincidiam com os dados armazenados no arquivo SP_HIS2. O cruzamento entre esses dados levou à conclusão de que os dados verdadeiros (ou ao menos os mais próximos dos verdadeiros) são aqueles contidos no arquivo SP_HIS2, conclusão essa que é reforçada por serem esses dados também coincidentes com os contracheques que constam dos autos (impressos antes de setembro de 2008), conforme descrito no item 4.11.21 do Relatório de Análise.[140]

Assim, tendo em vista preeminente investigação, a primeira ação da "ORCRIM" foi a destruição de arquivos e documentos, no claro sentido de impedir a evolução dos eventuais desdobramentos. Entretanto, com o auxílio técnico do GAECO/MT foi possível resgatar arquivos e planilhas deliberadamente deletados e que detinham diversos valores e beneficiários de pagamentos feitos pelo MPPI no período analisado e agora sob investigação. Já no primeiro momento, pareceu esperado verificar que os dados encontrados na "folha paralela" divergiam dos parcos dados disponibilizados ao Tribunal de Contas. Tal divergência, como era de se esperar, foi apontada pelos investigados como decorrente da "desorganização" do setor, da falta de gente especializada em tecnologia da informação, embora tais valores constantes na "folha paralela" coincidissem exatamente com os valores ordenados pela instituição ao pagamento pelas instituições bancárias.

De fato, verificou-se, como de costume em "ORCRIMs" de colarinho branco, que a contabilidade do caixa dois ("folha paralela") encontrada em arquivos ".txt" era perfeitamente compatível com os valores encontrados nas contas dos investigados na quebra do sigilo

---

[140] A partir da denúncia formulada pelo Ministério Público do Estado do Piauí que iniciou o procedimento ordinário de ação penal autuado no Tribunal de Justiça do Estado do Piauí sob nº 0000162-03.2017.8.18.0008 – Ação Penal Promovida pelo Ministério Público Estadual, através do GAECO, data de 15 de dezembro de 2016, recebida na Central de Distribuição do TJPI em 15 de dezembro de 2016, às 11:05 h, sob protocolo 011133, com sentença em 26 de fevereiro de 2021. Disponível em: https://www.tjpi.jus.br/themisconsulta/processo. Acesso em: 14 nov. 2021.

bancário. Nesse ponto, o depoimento do responsável pela confecção da folha demonstra um amadorismo funcional deliberado para escamotear vestígios dos crimes, conforme se extraiu de parte se seu depoimento:

> [...] que o txt pode ser alterado manualmente; que o arquivo de txt não era mantido arquivado na PGJ por falta de interesse da administração; que o arquivo no formato txt dizia respeito somente ao valor líquido dos servidores e membros, o valor que efetivamente seria pago; que os demais valores que deveriam ser retidos na fonte, permaneciam na PGJ, para repasse a quem de direito, no que se incluíam as consignações; que todos os bancos conveniados com a PGJ, Unibanco/Itaú, CEF, Banco do Brasil etc. [...] que no arquivo txt era enviado ao banco os nomes dos servidores e respectivos valores a serem pagos a título de remuneração líquida; que, após o envio desse arquivo txt ao banco e a confirmação do recebimento, era expedido um ofício contendo o valor global de transferência, com a finalidade autorizar os pagamentos, de acordo com o estabelecido no arquivo txt; o valor global que consta no txt era sempre o mesmo valor que constava no ofício; e o valor global que constava em todos os arquivos txt equivalia sempre ao mesmo valor global da folha de pagamento; que, quando indagado ao declarante se saberia justificar a situação fática de um servidor que, na folha da pagamento constava como recebedor de R$ 3.500,00, porém, recebeu efetivamente a quantia de R$ 7.500,00, não soube explicar; que tal situação ocorreu na folha de pagamento de janeiro de 2006; que o arquivo txt, mesmo depois de gerado, é possível ser editado, antes ou depois do envio ao banco; que o declarante não utilizava o sistema SIAFEM para o envio dos dados ao banco para pagamento; [...]; que, contudo, era comum, no mesmo arquivo, estar constando outro tipo de folha de pagamento, elaborada como teste para adequação orçamentária; que também era comum elaborar folhas de pagamento, tipos 3 ou 4, referentes a pagamentos atrasados, por exemplo, quando no ano estavam atrasados 2 meses de remuneração; [...].[141]

Outra forma de atuação era o envio de valores menores nas informações destinadas ao Tribunal de Contas referentes a algumas pessoas, tais como estagiários e alguns comissionados, os quais constavam

---

[141] A partir da denúncia formulada pelo Ministério Público do Estado do Piauí que iniciou o procedimento ordinário de ação penal autuado no Tribunal de Justiça do Estado do Piauí sob nº 0000162-03.2017.8.18.0008 – Ação Penal Promovida pelo Ministério Público Estadual, através do GAECO, data de 15 de dezembro de 2016, recebida na Central de Distribuição do TJPI em 15 de dezembro de 2016, às 11:05 h, sob protocolo 011133, com sentença em 26 de fevereiro de 2021. Disponível em: https://www.tjpi.jus.br/themisconsulta/processo. Acesso em: 14 nov. 2021.

também na "folha paralela" encontrada, mas com uma diferença: os valores da "folha paralela" enviada aos bancos para pagamento eram bem superiores aos declarados ao órgão fiscalizador de contas. Nesse sentido, narra a denúncia:

> Art. 40º No âmbito do Ministério Público Estadual é vedada a nomeação ou designação, para Funções Comissionadas de cônjuge, companheiro, ou parente até o terceiro grau, inclusive, dos respectivos membros, salvo a de servidor ocupante de cargo de provimento efetivo da Carreira de Apoio Técnico-Administrativo, caso em que a vedação é restrita à nomeação ou designação para servir junto ao membro determinante da incompatibilidade. O que causa mais indignação, além do fato de à lei ter sido conferida vigência apenas para os cargos efetivos, deixando os comissionados sem o teto legal, é a disparidade entre os valores reais percebidos pelos comissionados vinculados ao PGJ e os demais servidores, sejam efetivos ou de livre nomeação e exoneração.
> Após tal achado, foi requerida a quebra de sigilo bancário de várias pessoas que receberam de forma atípica do órgão, ocasião em que foi verificado que quase toda a família do ex-procurador também estava na folha de pagamento, de esposa, filhos, noras, genros, empregados domésticos, sobrinhos e até amigos pessoais. Foi verificado, outrossim, que muitas dessas pessoas logo após receberem seus salários, transferiam ou depositavam parte em uma das quase trinta contas, nos diversos bancos que o ex-procurador e seu filho detinham.
> A nomeação de estagiários e de ocupantes de cargos comissionados é ato típico do PGJ, bem como a edição de ato interno para a regulamentação do processo de escolha dos estagiários. Ao não agir assim, demonstra-se inequivocamente o dolo do então PGJ EMIR em manter a referida "desorganização administrativa" com fulcro claro de desviar recursos públicos do MPPI, mais especificamente os altos e desarrazoados salários da grande maioria dos estagiários e ocupantes de cargos comissionados nomeados de forma deliberada pelo denunciado EMIR.[142]

Como forma de contrabalancear os desvios, alguns estagiários figuravam na folha de pagamento enviada do TCE como recebedores de valores maiores, enquanto, efetivamente, em suas contas bancárias

---

[142] A partir da denúncia formulada pelo Ministério Público do Estado do Piauí que iniciou o procedimento ordinário de ação penal autuado no Tribunal de Justiça do Estado do Piauí sob nº 0000162-03.2017.8.18.0008 – Ação Penal Promovida pelo Ministério Público Estadual, através do GAECO, data de 15 de dezembro de 2016, recebida na Central de Distribuição do TJPI em 15 de dezembro de 2016, às 11:05 h, sob protocolo 011133, com sentença em 26 de fevereiro de 2021. Disponível em: https://www.tjpi.jus.br/themisconsulta/processo. Acesso em: 14 nov. 2021.

recebiam bem menos, o que causou inclusive problemas com a Receita Federal a tais pessoas que tiveram seus nomes indevidamente utilizados no esquema. Portanto, enquanto uns recebiam em suas contas bem menos do que constava nos documentos enviados ao TCE, outros, estes ligados diretamente ao PGJ, recebiam bem mais em suas contas do que era efetivamente declarado ao TCE, conforme se vê narrado na peça acusatória e a seguir resumido:

> O primeiro consistia em colocar valores a maior nos contracheques dos estagiários ou de pessoas de cargo comissionado em geral. Acontece que, de fato, recebiam a menor, ou seja, pelo valor que estava estritamente descrito no contracheque. Com tal burla, conseguia depositar valores a maior nas contas daqueles que deveriam receber menos, ou seja, neste último caso, no contracheque (SP_HIS), o valor era menor, contudo o valor depositado em conta e encontrado na análise feita nos computadores do setor financeiro do MPPI (tabela SP_HIS2) era bem maior do que o legalmente devido. Desta feita, poderia no balanço contábil geral, que era feito sobre o valor total da folha de pagamento, sem discriminar especificamente o que era devido a cada um dos servidores, criar a falsa aparência de legalidade, visto que o valor total enviado ao TCE na prestação de contas, por exemplo, era o mesmo valor que saía dos cofres do MPPI para o banco, dando assim a conotação de que fechava o caixa. O engodo era utilizado para inchar a folha de pagamento com pessoas que nada recebiam, mas que constavam como recebedoras de pagamento do MPPI, dando, assim, margem contábil/financeira para subtrair dinheiro utilizando-se de outras pessoas que deveriam receber a menos. Determinadas pessoas, somente depois da denúncia de tais fatos ao CNMP, tiveram conhecimento que estavam na folha de pagamento do Ministério Público. Outras, como seus familiares, que tinham pleno conhecimento dos acontecimentos, já que os depósitos eram feitos em suas contas, sequer residiam no Piauí, como as suas cunhadas que moram em Fortaleza, enquanto sua nora e seu genro que moram em Picos. Como ficou bem delineado na investigação, sua nora, Susyanne Martins, trabalhava ativamente como advogada na Comarca de Picos (conforme se comprova de vários termos de audiência ocorridos naquela comarca – docs. nos autos), não tendo assim, a mínima possibilidade de labutar em Teresina como assessora de quem quer que seja.[143]

---

[143] A partir da denúncia formulada pelo Ministério Público do Estado do Piauí que iniciou o procedimento ordinário de ação penal autuado no Tribunal de Justiça do Estado do Piauí sob nº 0000162-03.2017.8.18.0008 – Ação Penal Promovida pelo Ministério Público Estadual, através do GAECO, data de 15 de dezembro de 2016, recebida na Central de Distribuição do TJPI em 15 de dezembro de 2016, às 11:05 h, sob protocolo 011133, com sentença em

A quebra dos sigilos bancários e depoimentos pessoais subsidiaram e fundamentaram a tese de que muitos desses beneficiários eram tão somente "fantasmas", postos que nunca trabalharam no Ministério Público Estadual, corroborando-se, ainda, com uma evolução patrimonial incongruente dos investigados em face do que era recebido licitamente. Portanto, sem deixar qualquer dúvida de que no período da investigação foram praticados reiterada e sistematicamente crimes de peculato, obstrução de investigação, inserção de dados falsos em sistema de informática, além, é claro, da lavagem de dinheiro.

Com relação à quebra dos sigilos bancários, importa mencionar a tarefa árdua dos analistas de procurar dentro de um espaço de quatro anos toda folha de pagamento de um órgão expressivo como o Ministério Público, com muitos servidores, o que somente foi possível em razão dos recursos de tecnologia empregados, como o Sistema de Investigação de Movimentações Bancárias (SIMBA), o *software* I2, além, é claro, de forte tirocínio e suor dos analistas. É, dessa forma, que se defendem os investimentos em tecnologia da informação e o fato de que somente uma investigação bem organizada, com objeto definido, metodologia adequada e hipóteses bem construídas, pode descortinar a teia de crimes dessa natureza. Ademais, a atuação técnica do Tribunal de Contas com a sua *expertise* própria, aliada a técnicas especiais de investigação, por exemplo, a quebra de sigilos bancários e fiscal, foi decisiva no sucesso dessa investigação, o que reforça a tese trazida pelos autores desta obra no que diz respeito à interdependência das instituições no combate a corrupção.

Ressalta-se, novamente, que os crimes consensuais, como são os crimes de colarinho branco, geralmente, são difíceis de serem investigados. Contudo, a materialidade dos fatos expostos por meio da prova material das quebras de sigilos espanca quaisquer dúvidas dos fatos aduzidos e de seus responsáveis. Evidentemente, que quando se têm como suspeitos agentes públicos, notadamente, da envergadura do Procurador-Geral de Justiça, que é uma pessoa politicamente exposta, a investigação nunca é fácil, havendo manobras escabrosas e antirrepublicanas no sentido de frear a apuração dos fatos. Destaca-se, nesse caso específico, no que pese a clara intenção de destruição de provas, o que motivou o pedido e o deferimento de prisões cautelares dos envolvidos, os investigados presos foram soltos em menos de 24

---

26 de fevereiro de 2021. Disponível em: https://www.tjpi.jus.br/themisconsulta/processo. Acesso em: 14 nov. 2021.

horas, além da promoção de outras ações que se contrapõem ao correto caminho do sistema de justiça.

Diante de provas robustas, as alegações dos investigados foram evasivas, atribuindo os descalabros praticados à desorganização administrativa e, pior ainda, a um servidor que já se encontrava falecido no momento da operação, colocando na conta do morto todos os desvios realizados durante quatro anos. Importa chamar atenção para o contexto irônico de ter o suposto autor dos fatos delituosos – o morto – beneficiado o ex-procurador e seus familiares, e não ele próprio, como era de se esperar.

Ao final, foram denunciadas doze pessoas que, diretamente, desviaram mais dez milhões de reais no período investigado, dinheiro este que faltou no serviço público, em Promotorias de Justiça do interior que não detinham condições dignas de trabalho, impactando, direta e indiretamente, a prestação de um bom serviço público a toda a sociedade.

No ano de 2021, após intensa atividade probatória, os principais envolvidos, o ex-procurador-geral de justiça, seu filho e o responsável pela folha de pagamento e tecnologia da informação do MPPI à época, foram condenados, respectivamente, a penas de 51, 31 e 46 anos de reclusão pelos vários crimes cometidos (peculato, formação de quadrilha, inserção de dados falsos em sistema de informação, lavagem de dinheiro e falsidade de documento público). Destarte, o processo foi cindido e continua o processamento dos demais envolvidos.

Importa ainda comentar que se verificou a prática de crimes da competência da Justiça Federal, compartilhando-se os achados na investigação e dando azo naquela justiça ao bloqueio de bens do investigado e ex-procurador-geral de justiça, conforme se vê nas publicações a seguir reproduzidas.

Figuras 31 e 32 – Recortes de notícias publicadas em *sites* eletrônicos

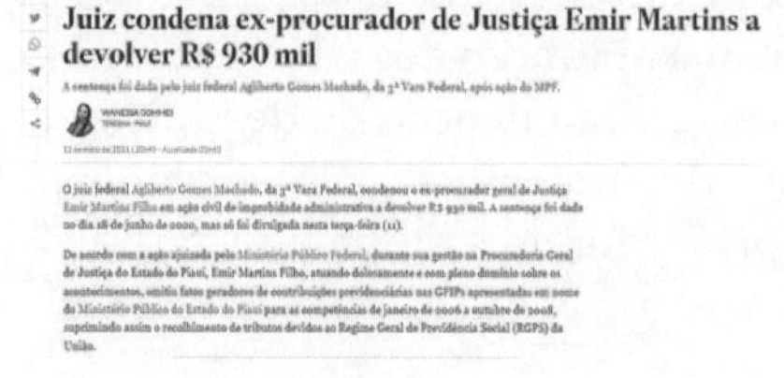

GP1

Piauí

Juiz condena ex-procurador de Justiça Emir Martins a devolver R$ 930 mil

A sentença foi dada pelo juiz federal Agliberto Gomes Machado, da 3ª Vara Federal, após ação do MPF.

O juiz federal Agliberto Gomes Machado, da 3ª Vara Federal, condenou o ex-procurador geral de Justiça Emir Martins Filho em ação civil de improbidade administrativa a devolver R$ 930 mil. A sentença foi dada no dia 18 de junho de 2020, mas só foi divulgada nesta terça-feira (11).

De acordo com a ação ajuizada pelo Ministério Público Federal, durante sua gestão na Procuradoria Geral de Justiça do Estado do Piauí, Emir Martins Filho, atuando dolosamente e com pleno domínio sobre os acontecimentos, omitiu fatos geradores de contribuições previdenciárias nas GFIPs apresentadas em nome do Ministério Público do Estado do Piauí para as competências de janeiro de 2006 a outubro de 2008, suprimindo assim o recolhimento de tributos devidos ao Regime Geral de Previdência Social (RGPS) da União.

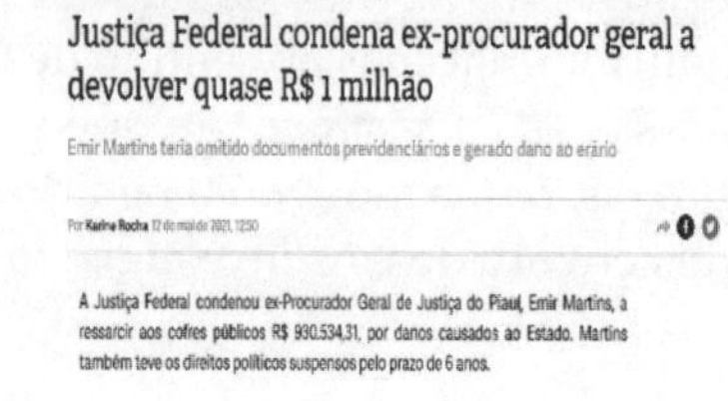

Portal az

Justiça Federal condena ex-procurador geral a devolver quase R$ 1 milhão

Emir Martins teria omitido documentos previdenciários e gerado dano ao erário

A Justiça Federal condenou ex-Procurador Geral de Justiça do Piauí, Emir Martins, a ressarcir aos cofres públicos R$ 930.534,31, por danos causados ao Estado. Martins também teve os direitos políticos suspensos pelo prazo de 6 anos.

Fonte: Gommes (2021, *on-line*) e Rocha (2021, *on-line*).

No âmbito do GAECO/PI, o Núcleo de Investigação Patrimonial (NIP), que é uma unidade especializada decorrente de uma Acordo de Cooperação Técnica firmado entre o Ministério Público Estadual, com interveniência do GAECO/PI, e o Tribunal de Contas do Estado do Piauí (TCE-PI), está encarregado de identificar o patrimônio ilícito dos envolvidos, ao que parte acabou sendo objeto de medidas assecuratórias, para ao final do processo garantirem o ressarcimento ao Erário.

Quanto ao Ministério Público Estadual, é fato que a deflagração dessa operação implicou positivamente sua organização administrativa e sua modernização, sendo esse órgão apontado hoje como um dos mais transparentes do país, conforme divulgação do Transparentômetro do Conselho Nacional do Ministério Público publicada referente ao segundo semestre de 2020.

9.6 Nova lei de licitações: inovações importantes para a repressão à corrupção

A tão esperada nova lei de licitações, no que pesem o longo tempo de gestação legislativa, as críticas recebidas e o descompasso para a sua efetiva e irrestrita aplicação, traz inovações importantes para a repressão à corrupção. A Lei nº 14.133, de 1º de abril de 2021, a lei a reger as licitações e contratos, trouxe ao Código Penal, para junto dos Crimes contra a Administração Pública (Título XI), o Capítulo II-B – Dos Crimes de Licitação e Contratos Administrativos, descrevendo os tipos penais e, em certa medida, agravando penas, demonstrando a opção atual do legislador no sentido de atacar com mais vigor tais condutas criminosas, haja vista sua repercussão negativa para a sociedade.[144] É inegável que o dano trazido com tais práticas é coletivo e/ou difuso, espalha-se por todo o tecido social em forma de precariedade de serviços e obras, além do que causa revolta e descrédito do Estado, sobretudo, por conta do enriquecimento ilícito desses criminosos. Nesse sentido, observa-se que, nesse espectro hodierno, seis tipos penais passam a ter penas máximas superiores a quatro anos e, agora, prevendo reclusão, não mais detenção, o que também influencia diretamente no regime inicial de cumprimento de penas.

Assim, destaca-se que essas alterações são importantes em face do conceito de "organização criminosa" trazido no §1º do art. 1º da Lei nº

---

[144] BRASIL. *Lei nº 14.133, de 1º de abril de 2021*. Lei de licitações e contratos administrativos. Brasília, DF: Presidência da República, 2021.

12.850/13,[145] dos efeitos sobre admissões de eventuais prisões preventivas em conformidade com a disposição contida no inciso I do art. 313 do Código de Processo Penal e também sobre a admissão de eventuais interceptações de comunicações telefônicas em razão do disposto no inciso III do art. 2º da Lei nº 9.626/96,[146] todas representando significativo avanço às novas investigações e ao enfrentamento à corrupção.

9.7 A investigação patrimonial como corolário obrigatório da investigação criminal

Como dito antes, o crime não pode compensar nem recompensar, caso contrário o próprio Estado atesta sua deficiência e ineficiência em proteger bens jurídicos de maior relevo, bens estes escolhidos pelo legislador para receberem a tutela protetiva do Direito Penal.

Nessa linha, os crimes do colarinho branco, sobretudo aqueles praticados contra a Administração Pública e o patrimônio coletivo, devem receber a devida repressão para desestimular sua prática, perpassando esse desestímulo inevitavelmente pela constrição patrimonial. Sem atacar o patrimônio rigidamente, talvez para grande parte dos criminosos do colarinho branco, a perda da liberdade momentânea não passe de um investimento para uma vida futura de riqueza.

Já no ano de 1998, com a entrada em vigor da lei de lavagem de dinheiro (Lei nº 9.613/98, de 3 de março de 1998),[147] o legislador pátrio deixava claro sua intenção de atingir o patrimônio dos criminosos originado como produto ou proveito dos crimes de lavagem ou das infrações penais antecedentes. Neste sentido, observa-se que a modernização dessa norma trazida pela Lei nº 12.683/12, de 9 de julho de 2012,[148] concebida e aprovada para tornar mais eficiente a persecução penal dos

---

[145] BRASIL. *Lei nº 12.850, de 2 de agosto de 2013*. Define organização criminosa e dispõe sobre a investigação criminal, os meios de obtenção da prova, infrações penais correlatas e o procedimento criminal; altera o Decreto-Lei nº 2.848, de 7 de dezembro de 1940 (Código Penal); revoga a Lei nº 9.034, de 3 de maio de 1995; e dá outras providências. Brasília, DF: Presidência da República, 2013.

[146] BRASIL. *Lei nº 9.296, de 24 de julho de 1996*. Regulamenta o inciso XII, parte final, do art. 5º da Constituição Federal. Brasília, DF: Presidência da República, 1996.

[147] BRASIL. *Lei nº 9.613, de 3 de março de 1998*. Dispõe sobre os crimes de "lavagem" ou ocultação de bens, direitos e valores; a prevenção da utilização do sistema financeiro para os ilícitos previstos nesta Lei; cria o Conselho de Controle de Atividades Financeiras - COAF, e dá outras providências. Brasília, DF: Presidência da República, 1998.

[148] BRASIL. *Lei nº 12.683, de 8 de julho de 2012*. Altera a Lei nº 9.613, de 3 de março de 1998, para tornar mais eficiente a persecução penal dos crimes de lavagem de dinheiro. Brasília, DF: Presidência da República, 2012.

crimes de lavagem de dinheiro, já não mais limitava a infrações penais antecedentes, avançando nossa lei para a categoria de terceira geração. No entanto, o maior avanço nesse objetivo veio com o "pacote anticrime" – Lei nº 13.964/19, de 24 de dezembro de 2019 – que, embora não tenha promovido todos os avanços desejados na legislação penal, acrescentou especialmente as seguintes regras ao Código Penal:[149]

> Art. 91-A. Na hipótese de condenação por infrações às quais a lei comine pena máxima superior a 6 (seis) anos de reclusão, poderá ser decretada a perda, como produto ou proveito do crime, dos bens correspondentes à diferença entre o valor do patrimônio do condenado e aquele que seja compatível com o seu rendimento lícito.
>
> §1º Para efeito da perda prevista no *caput* deste artigo, entende-se por patrimônio do condenado todos os bens:
>
> I - de sua titularidade, ou em relação aos quais ele tenha o domínio e o benefício direto ou indireto, na data da infração penal ou recebidos posteriormente; e
>
> II - transferidos a terceiros a título gratuito ou mediante contraprestação irrisória, a partir do início da atividade criminal.
>
> §2º O condenado poderá demonstrar a inexistência da incompatibilidade ou a procedência lícita do patrimônio.
>
> §3º A perda prevista neste artigo deverá ser requerida expressamente pelo Ministério Público, por ocasião do oferecimento da denúncia, com indicação da diferença apurada.
>
> §4º Na sentença condenatória, o juiz deve declarar o valor da diferença apurada e especificar os bens cuja perda for decretada.
>
> §5º Os instrumentos utilizados para a prática de crimes por organizações criminosas e milícias deverão ser declarados perdidos em favor da União ou do Estado, dependendo da Justiça onde tramita a ação penal, ainda que não ponham em perigo a segurança das pessoas, a moral ou a ordem pública, nem ofereçam sério risco de ser utilizados para o cometimento de novos crimes.

Vê-se, portanto, que os precitados já permitem antever o que vem a ser as formas de escamoteamento patrimonial e a didática para se apurarem os valores discrepantes entre o patrimônio real dos investigados e o patrimônio possível adquirido de forma lícita.

---

[149] BRASIL. *Lei nº 13.964, de 24 de dezembro de 2019.* Aperfeiçoa a legislação penal e processual penal. Brasília, DF: Presidência da República, 2021.

Com a vigência da Lei nº 13.964/19,[150] passou-se a adotar o instituto do confisco alargado ou da perda alargada, amplamente previsto em alguns países europeus, tais como Alemanha, Itália e Portugal, mas adotado pelo Brasil com um *plus* em relação a alguns países, posto que no Brasil esse novel instituto está previsto para qualquer espécie de crime, desde que a lei comine pena máxima superior a seis anos de reclusão.

Via de regra, na labuta diária no combate às "ORCRIMs" de colarinho branco, ou mesmo nos crimes praticados contra Administração Pública sem ser no contexto de "ORCRIM", os investigados laçam mão de expedientes para escamotear seu patrimônio, branquear valores, lavar dinheiro e capitais em mercados lícitos, tudo no afã de esconder a origem ilícita do produto ou proveito do crime. Contudo, o alcance dos bens aplacados pelo confisco alargado extrapola os bens que tenham relação com o delito objeto da investigação, aos quais se aplicam o art. 91, II, alínea *b*, do Código Penal, ou seja, o perdimento dos bens do produto do crime ou de qualquer bem ou valor que constitua proveito auferido pelo agente com a prática do fato criminoso. No confisco alargado há um *plus*, ou seja, todos os demais bens que não tenham ligação direta com o crime objeto da sentença condenatória, repise-se, que não sejam produto ou proveito do crime, também serão perdidos em favor do Estado se o condenado não comprovar a sua origem lícita. O dispositivo novo do art. 91-A do Código Penal tem como escopo ampliar as consequências da decisão condenatória para atingir o acúmulo patrimonial da "ORCRIM" ou do criminoso em que não foi possível vincular ao fato descrito na sentença, mas que por presunção, diante da não comprovação de sua origem lícita, bem como em decorrência da desproporcionalidade em relação aos rendimentos lícitos, subtende-se oriundos de práticas ilícitas.

Em relação aos crimes de colarinho branco ou relacionados a "ORCRIMs" que atuam contra os bens da Administração Pública, nos quais têm participação de servidores públicos, há, de certa forma, maior facilidade em se conseguir comprovar a incongruência entre o patrimônio aparente e o patrimônio possível licitamente. É que os servidores públicos são obrigados pela Lei nº 8.730/93 (que estabelece a obrigatoriedade da declaração de bens e rendas para o exercício de cargos, empregos e funções nos Poderes Executivo, Legislativo e

---

[150] BRASIL. *Lei nº 13.964, de 24 de dezembro de 2019*. Aperfeiçoa a legislação penal e processual penal. Brasília, DF: Presidência da República, 2021.

Judiciário)[151] e pela Lei nº 8.429/92 (que dispõe sobre o enriquecimento ilícito de agentes públicos da Administração Pública),[152] a declararem anualmente seus bens aos seus respectivos órgãos, assim como na sua admissão ou saída do serviço público, o que facilitaria eventuais aplicações da lei em processos de investigação.

Destaca-se que os mencionados dispositivos ainda têm o condão de frear àqueles que já praticaram infrações penais e não foram pegos, visto que, praticando nova infração e sendo detectados, futura condenação atingirá não somente os bens que tenham relação com essa última infração, mas em relação a todos os bens adquiridos antes, durante toda a vida criminosa, acerca dos quais evidentemente não se comprove a sua origem lícita. Portanto, com tal instituto, desestimula-se, outrossim, o reinvestimento em práticas criminosas.

Nesse ponto, foi antevendo a essa nova realidade que o GAECO/PI criou e implantou, ainda no ano de 2017, o seu Núcleo de Investigação Patrimonial (NIP), com o escopo fundamental justamente de fazer cumprir o que veio com o pacote anticrime no ano de 2019. Essa unidade especializada, que funciona dentro do GAECO, compõe-se de equipe multidisciplinar, inclusive contando com servidores do TCE-PI, cedido em razão de Acordo de Cooperação Técnica, que tem atribuição de conduzir *pari passu* à investigação criminal uma investigação patrimonial no sentido de desvelar o patrimônio dos investigados, isso sempre que se têm investigações que afetam o erário.

Vale registrar, ainda, que o Conselho Nacional do Ministério Público (CNMP), nessa mesma toada, já havia, com a Resolução nº 181/2017,[153] disciplinado a importância e o procedimento da investigação patrimonial, dando a tônica da necessidade e da efetividade do ataque ao patrimônio dos delinquentes, sobretudo, daqueles que se enriqueciam às custas do erário. Desse normativo, cita-se expressamente:

---

[151] BRASIL. *Lei nº 8.730, de 10 de novembro de 1993.* Estabelece a obrigatoriedade da declaração de bens e rendas para o exercício de cargos, empregos e funções nos Poderes Executivo, Legislativo e Judiciário, e dá outras providências. Brasília, DF: Presidência da República, 1993.

[152] BRASIL. *Lei nº 8.429, de 2 de junho de 1992.* Dispõe sobre as sanções aplicáveis aos agentes públicos nos casos de enriquecimento ilícito no exercício de mandato, cargo, emprego ou função na administração pública direta, indireta ou fundacional e dá outras providências. Brasília, DF: Presidência da República, 1992.

[153] CNMP – CONSELHO NACIONAL DO MINISTÉRIO PÚBLICO. *Resolução nº 181, de 7 de agosto de 2017.* Dispõe sobre instauração e tramitação do procedimento investigatório criminal a cargo do Ministério Público. Brasília, DF: Presidência da República, 2017. Disponível em https://www.cnmp.mp.br/portal/images/Resolucoes/Resoluo-181-1.pdf. Acesso em: 14 nov. 2021.

Art. 14 A persecução patrimonial voltada à localização de qualquer benefício derivado ou obtido, direta ou indiretamente, da infração penal, ou de bens ou valores lícitos equivalentes, com vistas à propositura de medidas cautelares reais, confisco definitivo e identificação do beneficiário econômico final da conduta, será realizada em anexo autônomo do procedimento investigatório criminal.

§1º Proposta a ação penal, a instrução do procedimento tratado no caput poderá prosseguir até que ultimadas as diligências de persecução patrimonial.

§2º Caso a investigação sobre a materialidade e autoria da infração penal já esteja concluída, sem que tenha sido iniciada a investigação tratada neste capítulo, procedimento investigatório específico poderá ser instaurado com o objetivo principal de realizar a persecução patrimonial. [Grifou-se]

Portanto, em razão do exposto, deixa-se clara a importância da investigação patrimonial como anexo obrigatório das investigações criminais, especialmente daquelas promovidas para investigar crimes promovidos em desfavor da Administração Pública.

REFERÊNCIAS

ABIN – AGÊNCIA BRASILEIRA DE INTELIGÊNCIA. *Site* institucional. 2021. Disponível em: https://www.gov.br/abin/pt-br. Acesso em: 14 nov. 2021.

ATRICON – ASSOCIAÇÃO DOS MEMBROS DOS TRIBUNAIS DE CONTAS DO BRASIL. *Resolução nº 07/2014*, de 11 de agosto de 2014. Aprova as Diretrizes de Controle Externo Atricon 3203/2014 relacionadas à temática "Gestão de Informações Estratégicas pelos Tribunais de Contas do Brasil: instrumento de efetividade do controle externo", integrante do Anexo Único. Brasília, DF: ATRICON, 2014. Disponível em: https://atricon.org.br/resolucao-atricon-no-072014-gestao-de-informacoes-estrategicas/. Acesso em: 14 nov. 2021.

BANDEIRA DE MELLO, Celso Antônio. *Curso de direito administrativo*. 33. ed. São Paulo: Malheiros, 2016.

BRAGA, M. A. *Integração e cooperação entre instituições do Estado brasileiro no combate à corrupção*. 2008. Monografia (Especialização em Orçamento Público) – Instituto Serzedello Corrêa do Tribunal de Contas da União; Centro de Formação, Treinamento e Aperfeiçoamento da Câmara dos Deputados; Universidade do Legislativo Brasileiro, Brasília, 2008.

BRASIL. Agência Brasileira de Inteligência. *Atividade de inteligência no Brasil*. Brasília: Gráfica ABIN, 2020. 5 v.

BRASIL. Biblioteca Digital da Câmara dos Deputados. O federalista. 2021. Disponível em: https://bd.camara.leg.br/bd/handle/bdcamara/17661. Acesso em: 14 nov. 2021.

BRASIL. Câmara dos Deputados. Lançada frente parlamentar de combate à corrupção. 2019. Disponível em: https://www.camara.leg.br/noticias/553849-lancada-frente-parlamentar-de-combate-a-corrupcao/. Acesso em: 14 nov. 2021.

BRASIL. Conselho Nacional do Ministério Público. CNMP lança a Campanha #TodosJuntosContraCorrupção. 2017. Disponível em: https://www.cnmp.mp.br/portal/todas-as-noticias/10694-cnmp-lanca-a-campanha-todosjuntoscontracorrupcao. Acesso em: 14 nov. 2021.

BRASIL. [Constituição (1988)]. *Constituição da República Federativa do Brasil*. Brasília: Senado Federal; Coordenação de Edições Técnicas, 2020.

BRASIL. *Decreto Federal nº 9.681, de 3 de janeiro de 2019*. Aprova a Estrutura Regimental e o Quadro Demonstrativo dos Cargos em Comissão e das Funções de Confiança da Controladoria-Geral da União, remaneja cargos em comissão e funções de confiança e substitui cargos em comissão do Grupo-Direção e Assessoramento Superiores – DAS por Funções Comissionadas do Poder Executivo – FCPE. Brasília, DF: Presidência da República, 2019.

BRASIL. *Decreto nº 9.756, de 11 de abril de 2019*. Institui o portal único "gov.br" e dispõe sobre as regras de unificação dos canais digitais do Governo federal. Brasília, DF: Presidência da República, 2019.

BRASIL. *Lei nº 8.429, de 2 de junho de 1992*. Dispõe sobre as sanções aplicáveis aos agentes públicos nos casos de enriquecimento ilícito no exercício de mandato, cargo, emprego ou função na administração pública direta, indireta ou fundacional e dá outras providências. Brasília, DF: Presidência da República, 1992.

BRASIL. *Lei nº 8.730, de 10 de novembro de 1993*. Estabelece a obrigatoriedade da declaração de bens e rendas para o exercício de cargos, empregos e funções nos Poderes Executivo, Legislativo e Judiciário, e dá outras providências. Brasília, DF: Presidência da República, 1993.

BRASIL. *Lei nº 9.296, de 24 de julho de 1996*. Regulamenta o inciso XII, parte final, do art. 5º da Constituição Federal. Brasília, DF: Presidência da República, 1996.

BRASIL. *Lei nº 9.613, de 3 de março de 1998*. Dispõe sobre os crimes de "lavagem" ou ocultação de bens, direitos e valores; a prevenção da utilização do sistema financeiro para os ilícitos previstos nesta Lei; cria o Conselho de Controle de Atividades Financeiras - COAF, e dá outras providências. Brasília, DF: Presidência da República, 1998.

BRASIL. *Lei nº 9.883, de 7 de dezembro de 1999*. Institui o Sistema Brasileiro de Inteligência, cria a Agência Brasileira de Inteligência – Abin, e dá outras providências. Brasília, DF: 1999.

BRASIL. *Lei nº 12.683, de 8 de julho de 2012*. Altera a Lei nº 9.613, de 3 de março de 1998, para tornar mais eficiente a persecução penal dos crimes de lavagem de dinheiro. Brasília, DF: Presidência da República, 2012.

BRASIL. *Lei nº 12.850, de 2 de agosto de 2013*. Define organização criminosa e dispõe sobre a investigação criminal, os meios de obtenção da prova, infrações penais correlatas e o procedimento criminal; altera o Decreto-Lei nº 2.848, de 7 de dezembro de 1940 (Código Penal); revoga a Lei nº 9.034, de 3 de maio de 1995; e dá outras providências. Brasília, DF: Presidência da República, 2013.

BRASIL. *Lei nº 13.964, de 24 de dezembro de 2019*. Aperfeiçoa a legislação penal e processual penal. Brasília, DF: Presidência da República, 2021.

BRASIL. *Lei nº 13.974, de 7 de janeiro de 2020*. Dispõe sobre o Conselho de Controle de Atividades Financeiras (Coaf), de que trata o art. 14 da Lei nº 9.613, de 3 de março de 1998. Brasília, DF: 2020.

BRASIL. *Lei nº 14.133, de 1º de abril de 2021*. Lei de licitações e contratos administrativos. Brasília, DF: Presidência da República, 2021.

BRASIL. Ministério da Justiça e Segurança Pública. LAB-LD. 2021. Disponível em: https://www.gov.br/mj/pt-br/assuntos/sua-protecao/lavagem-de-dinheiro/lab-ld. Acesso em: 14 nov. 2021.

BRASIL. Ministério da Justiça e Segurança Pública. O que é o Simba? 2017. Disponível em: https://www.gov.br/pf/pt-br/assuntos/sigilo-bancario/simba. Acesso em: 14 nov. 2021.

BRASIL. Portal Brasileiro de Dados Abertos. *Site* institucional. 2021. Disponível em: https://dados.gov.br. Acesso em: 14 nov. 2021.

BRASIL. *Portaria nº 739/2019, de 3 de outubro de 2019*. Estabelece diretrizes para a participação da Polícia Rodoviária Federal em operações conjuntas nas rodovias federais, estradas federais ou em áreas de interesse da União. Brasília, DF: Presidência da República, 2019. (Portaria posteriormente revogada).

REFERÊNCIAS | 153

BRASIL. Supremo Tribunal Federal. *Recurso Extraordinário nº 593.727 MG*. Relator: Min. Cezar Peluso. Redator: Min. Gilmar Mendes. Plenário. 14 maio 2015. Disponível em: https://redir.stf.jus.br/paginadorpub/paginador.jsp?docTP=TP&docID=9336233. Acesso em: 14 nov. 2021.

BRITTO, Carlos Ayres. Distinção entre "controle social do poder" e "participação popular". *Revista Trimestral de Direito Público*, Belo Horizonte, p. 187-193, maio 2015. Disponível em: https://www.editoraforum.com.br/wp-content/uploads/2016/08/ayres-britto.pdf. Acesso em: 14 nov. 2021.

BROWN, R. J. *Controle externo da Administração Pública Federal no Brasil*: o TCU – uma análise jurídico-administrativa. Rio de Janeiro: América Jurídica, 2002.

CNI – CONFEDERAÇÃO NACIONAL DA INDÚSTRIA. Retratos da sociedade brasileira: problemas e prioridades para 2016. *Indicadores CNI*, ano 5, n. 28, jan. 2016.

CNMP – CONSELHO NACIONAL DO MINISTÉRIO PÚBLICO. *Resolução nº 181, de 7 de agosto de 2017*. Dispõe sobre instauração e tramitação do procedimento investigatório criminal a cargo do Ministério Público. Brasília, DF: Presidência da República, 2017. Disponível em https://www.cnmp.mp.br/portal/images/Resolucoes/Resoluo-181-1.pdf. Acesso em: 14 nov. 2021.

COAF – CONSELHO DE CONTROLE DE ATIVIDADES FINANCEIRAS. *Site* institucional. 2021. Disponível em: https://www.gov.br/coaf/pt-br. Acesso em: 14 nov. 2021.

COUR DES COMPTES. History. 2021. Disponível em: https://www.ccomptes.fr/en/who-we-are-and-what-we-do/history. Acesso em: 14 nov. 2021.

DAMATTA, Roberto. *O que faz o brasil, Brasil?* Rio de Janeiro: Rocco, 1986.

DECLARAÇÃO de direitos do homem e do cidadão. França, 26 de agosto de 1789. Disponível em: http://www.direitoshumanos.usp.br/index.php/Documentos-anteriores-%C3%A0-cria%C3%A7%C3%A3o-da-Sociedade-das-Na%C3%A7%C3%B5es-at%C3%A9-1919/declaracao-de-direitos-do-homem-e-do-cidadao-1789.html. Acesso em: 14 nov. 2021.

DI PIETRO, Maria Sylvia Zanella. *Direito administrativo*. 28. ed. São Paulo: Atlas, 2014.

DI PIETRO, Maria Sylvia Zanella *Direito administrativo*. 15. ed. São Paulo: Atlas, 2003.

DOZE projetos de combate à corrupção são premiados no HackFest em João Pessoa. *G1 [on-line]*, Paraíba, 20 ago. 2018. Disponível em: https://g1.globo.com/pb/paraiba/noticia/2018/08/20/doze-projetos-de-combate-a-corrupcao-sao-premiados-no-hackfest-em-joao-pessoa.ghtml. Acesso em: 14 nov. 2021.

DUMITH, D. de C. A utilização da inteligência policial militar como ferramenta na diminuição da criminalidade sob o ponto de vista doutrinário. *Revista Ordem Pública*, v. 5, n. 2, Semestre 2, p. 35-48, 2012.

EMBAIXADORES DA DEMOCRACIA. Cartilha de Educação Política. Em parceria com Voto Consciente. 2021. Disponível em: https://votoconsciente.org.br/wpcontent/uploads/Cartilha_EducacaoPolitica_2021_Digital_13.pdf. Acesso em: 14 nov. 2021.

ENAP – ESCOLA NACIONAL DE ADMINISTRAÇÃO PÚBLICA. Modelo de Excelência em Gestão dos Órgãos e Entidades que Operam Transferências da União – MEG-Tr. 2021. Disponível em: https://www.escolavirtual.gov.br/curso/213. Acesso em: 14 nov. 2021.

ENCCLA – ESTRATÉGIA NACIONAL DE COMBATE À CORRUPÇÃO E À LAVAGEM DE DINHEIRO. *Site* institucional. 2021. Disponível em: http://enccla.camara.leg.br/. Acesso em: 14 nov. 2021.

É POSSÍVEL derrotar a corrupção? – Luiz Hanns. [*S. l.: s. n.*], 2017. 1 vídeo (6 min). Publicado pelo canal Casa do Saber. Disponível em: https://www.youtube.com/watch?v=vAZZ93JPUnw. Acesso em: 14 nov. 2021.

EVANGELISTA, Lúcio. *Controle social versus transparência pública*: uma questão de cidadania. 2010. Trabalho de conclusão de curso (Especialização em Orçamento Público) – Tribunal de Contas da União, Brasília, 2010.

FIESP. *Relatório – corrupção*: custos econômicos e propostas de combate. Elaborado por equipe técnica gerenciada por Renato Corona Fernandes. São Paulo: 2010. Disponível em: https://www.fiesp.com.br. Acesso em: 14 nov. 2021.

GAO – U.S. GOVERNMENT ACCOUNTABILITY OFFICE. *Site* institucional. 2021. Disponível em: https://www.gao.gov/. Acesso em: 14 nov. 2021.

GITHUB. HackFest. [2017]. Disponível em: https://github.com/hackfestcc. Acesso em: 14 nov. 2021.

GOMES, Helton Simões. Como as robôs Alice, Sofia e Monica ajudam o TCU a caçar irregularidades em licitações. *G1*, 18 mar. 2018. Disponível em: https://g1.globo.com/economia/tecnologia/noticia/como-as-robos-alice-sofia-e-monica-ajudam-o-tcu-a-cacar-irregularidades-em-licitacoes.ghtml. Acesso em: 14 nov. 2021.

HACKFEST. *Site* institucional. 2021. Disponível em: http://hackfest.com.br/. Acesso em: 14 nov. 2021.

INFOCONTAS. Sobre InfoContas. [2021]. Disponível em: http://infocontas.atricon.org.br/sobre-infocontas/. Acesso em: 14 nov. 2021.

INSTITUTO NÃO ACEITO CORRUPÇÃO. *Site* institucional. 2017. Disponível em: https://www.naoaceitocorrupcao.org.br/equipe. Acesso em: 14 nov. 2021.

JANUÁRIO, S. B. B. *A cidadania nas pontas dos dedos*: um panorama por meio dos aplicativos cívicos no Brasil. 2019. Dissertação (Mestrado em Ciência da Informação) – Universidade Federal de Pernambuco, Recife, 2019.

KLITGAARD, R. *Controlling corruption*. Berkeley: University of California Press, 1988.

KLITGAARD, R.; MacLEAN-ABAROA, R.; PARRIS, H. L. *Corrupt cities*: a practical guide to cure and prevention. Oakland; Washington: ICS Press; World Bank Institute, 2000.

MCCE – MOVIMENTO DE COMBATE À CORRUPÇÃO ELEITORAL. *Site* institucional. 2021. Disponível em: http://www.mcce.org.br/. Acesso em: 14 nov. 2021.

MEIRELLES, Hely Lopes. *Direito administrativo brasileiro*. 34. ed. São Paulo: Malheiros, 2008.

NAÇÕES UNIDAS. *Site* institucional. 2021. Disponível em: https://brasil.un.org/. Acesso em: 14 nov. 2021.

NUNES, R. de O. *A dificuldade de mensuração da corrupção e o caso da pequena corrupção*. 2018. Monografia (Bacharelado em Economia) – Universidade do Rio de Janeiro, Rio de Janeiro, 2018.

REFERÊNCIAS | 155

NUNES JR., Vidal Serrano *et al.* (coord.). *Enciclopédia jurídica da PUCSP*. Tomo II: direito administrativo e constitucional. São Paulo: Pontifícia Universidade Católica de São Paulo, 2017. (Recurso eletrônico).

OSB – OBSERVATÓRIO SOCIAL DO BRASIL. *Site* institucional. 2021. Disponível em: https://osbrasil.org.br/. Acesso em: 14 nov. 2021.

PROCURADORIA-GERAL DA REPÚBLICA. Crime organizado: MPF passa a contar com uma unidade do Gaeco federal no Paraná. 2020. Disponível em: http://www.mpf. mp.br/pgr/noticias-pgr/crime-organizado-mpf-passa-a-contar-com-uma-unidade-do-gaeco-federal-no-parana. Acesso em: 14 nov. 2021.

REDE DE CONTROLE DA GESTÃO PÚBLICA. *Site* institucional. 2021. Disponível em: http://www.rededecontrole.gov.br/. Acesso em: 14 nov. 2021.

SANDEL, Michael J. *Justiça*: o que é fazer a coisa certa. Tradução: Heloísa Matias e Maria Alice Máximo. 14. ed. Rio de Janeiro: Civilização Brasileira, 2014.

SANTA CATARINA. Ministério Público de Santa Catarina. O que você tem a ver com a corrupção? [2021]. Disponível em: https://www.mpsc.mp.br/campanhas/o-que-voce-tem-a-ver-com-a-corrupcao. Acesso em: 14 nov. 2021.

SANTA CATARINA. Ministério Público de Santa Catarina. *Site* institucional. 2021. Disponível em: https://www.gov.br/cgu/pt-br/educacao-cidada/programas/upt. Acesso em: 14 nov. 2021.

SILVA, L. G. L. da; ASSUNÇÃO, L. O. A distorção da percepção da corrupção: críticas ao índice da transparência internacional. *In*: SEMINÁRIO NACIONAL DE FORMAÇÃO DE PESQUISADORES E INICIAÇÃO CIENTÍFICA EM DIREITO. Federação Nacional dos Pós-Graduandos em Direito – FEPODI. Disponível em: https://conpedi.org.br/publicacoes/. Acesso em: 14 nov. 2021.

TCE-PI – TRIBUNAL DE CONTAS DO ESTADO DO PIAUÍ. *Resolução TCE nº 06, de 23 de fevereiro de 2017.* Dispõe sobre a participação do Tribunal de Contas do Estado do Piauí-TCE/PI em operações conjuntas com outros órgãos de controle e disciplina a utilização de uniforme específico para essas operações. Publicada em 7 de março de 2017.

TCE-PI – TRIBUNAL DE CONTAS DO ESTADO DO PIAUÍ. *Resolução TCE nº 20, de 21 de maio de 2015.* Dispõe sobre o funcionamento da Unidade de Informações Estratégicas do Tribunal de Contas do Estado do Piauí. Publicada em 12 de junho de 2015.

TCE-PI – TRIBUNAL DE CONTAS DO ESTADO DO PIAUÍ. *Resolução TCE nº 22, de 17 de setembro de 2012.* Institui a Gestão de Informações Estratégicas para as Ações de Controle Externo, no âmbito do Tribunal de Contas do Estado do Piauí. Publicada em 4 de outubro de 2012.

TCU – TRIBUNAL DE CONTAS DA UNIÃO. *Site* institucional. 2021. Disponível em: https://portal.tcu.gov.br/inicio/index.htm. Acesso em: 14 nov. 2021.

THYMUS – Natura: contexto de mundo. [*S. l.*: *s. n.*], 2016. 1 vídeo (11 min). Publicado pelo canal Thymus. Disponível em: https://www.youtube.com/watch?v=EdPS5LjT6Ts. Acesso em: 14 nov. 2021.

TRANSPARÊNCIA INTERNACIONAL BRASIL. Destaques. 2021. Disponível em: https://transparenciainternacional.org.br/home/destaques. Acesso em: 14 nov. 2021.

UNIDOS CONTRA A CORRUPÇÃO. *Site* institucional. 2021. Disponível em: https://web.unidoscontraacorrupcao.org.br/. Acesso em: 14 nov. 2021.

VAZ, Wesley. O governo [que funciona] [do futuro] é orientado a dados. 2019. Disponível em: https://wvazmsc.medium.com/o-governo-que-funciona-do-futuro-%C3%A9-orientado-a-dados-84b937514dad. Acesso em: 14 nov. 2021.

WALLIN, Cláudia. *Suécia*: um país sem excelências e mordomias. 2. ed. São Paulo: Geração Editorial, 2017.

Esta obra foi composta em fonte Palatino Linotype, corpo 10
e impressa em papel Offset 75g (miolo) e Supremo 250g (capa)
pela Gráfica Paulinelli.